もう会議室はいらない

# 「テキスト会議」の運用ルール

株式会社シスデイズ代表取締役社長
**宮野清隆**

あさ出版

# はじめに

あなたは、「会議」と聞くと何を思い浮かべるでしょうか？

　たくさんの人たちが大きな机を囲んで座り、手元の資料とホワイトボードを見比べながら難しい顔をして意見を出し合う。おそらくそんな光景を思い浮かべるでしょう。

　何か重要なことを決めるとき、これまでは「みんなが１つの部屋に集まって話し合う」ことが当たり前だと考えられていました。しかし、ＳＮＳやスマートフォンの普及によって遠方の人々とつながる機会が増え、それと反比例するように、実際に面と向かって話し合う機会は減っているように感じます。

　一方で、Facebook や LINE などに代表されるように、ここ数年で「文字」によるコミュニケーションは急速に発展してきました。インターネット環境さえあれば、住んでいる場所に関係なく全員が同じ「場所」に集まることができ、しかも相手から姿が見えないため服装や髪形も気にする必要がありません。こうした手軽さもあり、文字によるコミュニケーションが急速に普及してきたものと思います。

　本書は、この文字コミュニケーションを「会議」に導入し、対面での会議に代わる新たな意思決定方法を確立することを目指しています。

　もちろん、文字を使ったテキスト形式の会議は以前からありました。しかし現在、テキストによる会議はお世辞にも普及しているとはいえま

せん。ＳＮＳや電子掲示板などで議論が起きることはありますが、多くの場合はうまく意見をまとめることができず、最終的には「やっぱり文字だけだと意図が伝わらないね」という結論になってしまうことが多いものです。

　文字によるコミュニケーションは、実際に面と向かって話す場合と比べて、意図が格段に伝わりにくくなります。これはテキスト形式の会議でも同じで、意図が伝わらないため議論が深まらず、ときには誤解を招いてしまうこともあります。会議を行ううえでは致命的な欠点といってよいでしょう。


　私自身も、かつてはテキスト形式の会議によって運営方針を決める団体で役職を担っていました。しかし、やはり文字だけのコミュニケーションでは議論が発散し、何かを新たに決めるまでに途方もない労力と時間をかけることが多くなっていました。

　しかし同時に、テキスト会議の有用性に気づいたのも事実です。全員が同じ会議室に集まらなくてはならない対面式の会議と異なり、移動の時間は省略でき、わざわざスーツに着替える必要もない。そして何より、全員の時間を同時に押さえる必要がないのです。


　テキスト会議は、決して対面会議の劣化版ではありません。まだ歴史が浅いため問題点を解消する方法が確立されておらず、その影響で、テキスト会議が本来持つ長所が活かせていないだけなのです。

　こうした背景を受け、私は以前から、テキスト会議最大の欠点である「意図が伝わりにくい」問題をどのようにして解決すべきかを熟考してきました。そして、その結論として導き出した答えが「議事法」の制定です。

議事法とは、会議における意見提出や採決などの運用ルールをまとめて規則化したものです。対面での会議ではすでにいくつかの議事法が提唱されていますが、テキスト会議に特化した議事法はこれまでほとんど整備されることがありませんでした。

　テキスト会議は、対面の会議にはない特性をいくつも持っています。それならば、テキスト会議にはテキスト会議なりの「議事法」が必要です。本書では、テキスト会議における特性や問題点をふまえたうえで、テキスト会議ならではの「議事法」を定義しています。

　テキスト会議がうまく進められず困っている方、または対面での会議に限界を感じてテキスト会議の導入を検討されている方など、みなさんが本書によって「テキスト会議」を有効に活用していただけることを願っています。

２０１９年８月

宮野 清隆

はじめに ……………………………………………………………… 2

# 第1章　テキスト議事法とは何か

**01** 文字だけでできる「テキスト会議」 …………………… 14
**02** なぜ「議事法」が必要か？ ……………………………… 15
**03** テキスト議事法の5つの基本理念 ……………………… 17
**04** 本規則に適した組織とは？ ……………………………… 19
**05** 「テキスト会議」はどんなもの？ ……………………… 21

**コラム** 発言を委縮させないルールに …………………… 33

# 第2章　テキスト議事法の導入方法

**01** テキスト議事法の導入手順 ……………………………… 36
**02** 会議での役割を決めよう ………………………………… 37
**03** オンライン会議室を設置しよう ………………………… 41
**04** 本規則の適用と撤廃 ……………………………………… 47
**05** 「規則」と「原則」の違い ……………………………… 48

**コラム** 「伝わったこと」が「伝えたこと」 ……………… 50

# 第3章 審議

| 01 | 議案の提出 | 52 |
| --- | --- | --- |
| 02 | 議案作成のルール | 53 |
| 03 | 議案の修正・取り下げ・変更 | 58 |
| 04 | 一事不再議 | 61 |
| 05 | 賛同者の手続き | 64 |
| 06 | 討論の手続き | 66 |
| 07 | 動議の手続き | 70 |
| 08 | 要求の手続き | 76 |
| 09 | 差戻しの手続き | 79 |
| 10 | 議長裁定 | 83 |
| 11 | 決議事項 | 89 |

コラム 「反対意見」を出せる会議に ……… 93

# 第4章 採決

| | | |
|---|---|---|
| **01** | 採決の構成 | 96 |
| **02** | 投票理由 | 100 |
| **03** | 投票箱の設置 | 101 |
| **04** | 採決期間 | 103 |
| **05** | 採決結果の宣言 | 104 |
| **06** | 賛否形式の採決 | 107 |
| **07** | 選出形式の採決 | 113 |

| | | |
|---|---|---|
| **コラム** | あいまいなルールが会議を破綻させる | 121 |

# 第5章 協議と報告

| | | |
|---|---|---|
| **01** | 協議とは | 126 |
| **02** | 協議の構成 | 127 |
| **03** | 協議の再開と再協議 | 129 |
| **04** | 審議との区別 | 130 |
| **05** | 報告とは | 132 |

| | | |
|---|---|---|
| **コラム** | 「雑談」の功罪 | 134 |

# 第6章 監査

**01** 監査の構成 ……………………………………… 136

**02** 監査結果の告知 …………………………………… 138

**03** 監査結果の上申 …………………………………… 140

**04** 依頼による監査 …………………………………… 141

**05** 監査人に対する懲罰 ……………………………… 142

コラム 監査の実践問題 ……………………………… 143

# 第7章 禁止行為

**01** 手続き上の禁止行為 ……………………………… 146

**02** 議論における禁止行為 …………………………… 148

コラム 人としての評価を下げる発言 ……………… 156

# 第8章 懲罰

| | | |
|---|---|---|
| **01** | 懲罰の構成 | 158 |
| **02** | 弁明 | 161 |
| **03** | 懲罰の適用範囲 | 164 |
| **04** | 懲罰の手続きにおける禁止事項 | 166 |
| **05** | 懲罰の種類 | 167 |
| **06** | 監査人に対する懲罰 | 169 |

> **コラム** 動議で議案は修正できない？ ‥‥‥‥ 171

# 第9章 発言録

| | | |
|---|---|---|
| **01** | 議事録と発言録 | 174 |
| **02** | 発言録の公開 | 176 |
| **03** | 公開対象からの除外 | 177 |

> **コラム** 「決定回避」を回避せよ ‥‥‥‥ 178

# 第10章　緊急対応

**01** 緊急対応における特例 ……………………………… 180

**02** 緊急対応における手続き ……………………………… 182

**03** 緊急対応における禁止事項 …………………………… 185

**04** 緊急対応の報告書 …………………………………… 186

**コラム** 最低投票率は設定すべきか？ ……………………… 187

# テキスト議事法　1.0版

第1章　総則 ………………………………………………… 190

第2章　会議の構成 ………………………………………… 191

第3章　審議 ………………………………………………… 194

　　　　第3章の1　審議の構成

　　　　第3章の2　議案

　　　　第3章の3　賛同者

　　　　第3章の4　討論

　　　　第3章の5　動議

　　　　第3章の6　要求

　　　　第3章の7　差戻し

　　　　第3章の8　議長裁定

　　　　第3章の9　決議事項

| 第4章 | 採決 | 207 |
|---|---|---|

第4章の1　採決の構成

第4章の2　賛否形式の採決

第4章の3　選出形式の採決

| 第5章 | 協議と報告 | 213 |
|---|---|---|

第5章の1　協議

第5章の2　報告

| 第6章 | 監査 | 215 |
|---|---|---|

| 第7章 | 禁止行為 | 216 |
|---|---|---|

第7章の1　手続き上の禁止行為

第7章の2　議論における禁止行為

| 第8章 | 懲罰 | 219 |
|---|---|---|

第8章の1　懲罰の構成

第8章の2　懲罰の種類

第8章の3　監査人に対する懲罰

| 第9章 | 発言録 | 223 |
|---|---|---|

| 第10章 | 緊急対応 | 225 |
|---|---|---|

| 第11章 | 付則 | 226 |
|---|---|---|

| おわりに | 228 |
|---|---|

校閲:槙　一八

# 第1章

## テキスト議事法
## とは何か

# 01 文字だけでできる「テキスト会議」

本書をお読みいただいているみなさんの中には、ＳＮＳを使ってほかの参加者と真面目な意見交換をした経験をお持ちの方も多いと思います。しかし、それが「会議」と呼べるものだったか？　と聞かれると、多くの方は「ＮＯ」と答えるでしょう。

ＳＮＳやスマートフォンの普及に比例して、文字によるコミュニケーションは急速に普及してきました。しかし、それはあくまでも「コミュニケーション」の域を出るものではなく、文字によるやりとりを利用して本格的な「会議」を開催しようという試みは、これまであまり注目されてこなかったように思います。

本書は、「文字によるコミュニケーション」を会議に適用し、実際に会議室に集まることなく、インターネットを利用した文字だけの会議を実現することを目指しました。この「インターネットを利用した文字だけによる会議」を『**テキスト会議**』と呼んでいます。

本書では、テキスト会議が持つさまざまな利点の活かし方と、同時に欠点の補い方をまとめ、「議事法」として成文化しています。どのような運用ルールに則ればテキスト会議を正しく進められるか、そのやり方を順に説明していきます。

## 02 なぜ「議事法」が必要か？

　テキスト会議の経験がない人でも、対面での会議は経験したことがあるでしょう。そして、会議で「時間をムダにしているのではないか」と感じた経験もお持ちなのではないかと思います。

　テキスト会議か対面会議かにかかわらず、ルールのない会議は時間をムダに消費するだけの産物になりかねません。声の大きい人が延々としゃべり続け、ほかの参加者はほとんど発言することなく物事が決まっていったり、逆に声の大きい人どうしが言い争いになり、いつになっても物事が決まらなかったり、ということがあります。そのような会議に参加してしまった場合、「自分がここにいる意味はあるのか」と感じたこともあるでしょう。

　そして、ようやく会議が終わったと思ったら、数日後に「あのときこう言ったはずだ」「いや言ってない」のような不毛なやりとりがくり返され、ふたたび会議が招集されてムダな時間が過ぎていく……。ルールのない会議では、このような事態が起こりがちです。

　じつは、会議にはいくつかの要点があり、そこさえ押さえておけば面倒事は抑制できるのです。しかし、会議の参加者が全員その要点を理解しているとは限りません。特に声の大きい人が理解していなかったら、結局は独自の解釈を主張して会議を押し切ってしまうでしょう。

　このような事態を避けるためには、規則の明文化が必要です。会議での規則を文章としてまとめ、事前に参加者に周知しておくことで、規則に則った会議を行うことができます。この明文化された規則こそ**「議事法」**と呼ばれるものなのです。

本書で紹介する「**テキスト議事法**」は、会議における要点をいくつかの「章」で区切り、章ごとに最適な規則を定義しています。くわしくは各章で説明していきますが、会議を円滑に進めるためにはこれらの要点を押さえる必要があるということを、まず認識しておいてください。

| 要点 | 概要 |
|---|---|
| 会議の構成※ | 会議での役割と権限を分けることで、1人の力ではなく全員の協力によって会議を進行するよう促す。 |
| 審議 | 物事を決める際の手続きを厳密に定めることで、認識の相違や議論の蒸し返しが起きないようにする。 |
| 採決 | 多数決の原理を用いて、地位や声の大小にかかわらず意思決定に参加できるようにする。 |
| 協議と報告 | 物事を決めるための議論とそれ以外の議論を明示的に分け、あいまいな議論で物事が決まらないようにする。 |
| 監査 | 会議が正しく進行していることを担保し、参加者が議論に集中できるようにする。 |
| 禁止行為 | 会議の規律を保つため、やってよいことと悪いことを明確に定める。 |
| 懲罰 | 規則に反した人に最低限の罰則を与えるとともに、規則に反しないことへの抑止力とする。 |
| 発言録 | あとになって「言った・言わない」の水掛け論になることを避けるため、発言を記録する。 |
| 緊急対応 | 正確さよりも迅速さが求められる事態に対応するため、一部の規則を簡略化した手続きを定める。 |

※「会議の構成」は、第2章「テキスト議事法の導入方法」の中で説明しています

# 03 テキスト議事法の5つの基本理念

　テキスト議事法にはさまざまな規則が定義されていますが、すべては5つの「基本理念」の上に成り立っています。基本理念とは、規則の土台になる根本的な考え方です。本規則が何を目指して制定されたものか、まず基本理念から説明を始めたいと思います。

## ①整備された規則があれば、会議は効率化できる

　規則が整備されていない会議では「次に何をすればよいか」が不明確になり、迷いや確認作業により会議の進行が遅れることがあります。また、不特定多数の人たちを集めた会議ではそれぞれが自分の好む会議の進め方を主張し、まず「会議の進め方を決めるための会議」から始めなくてはならないこともあります。議事法を制定することでこれらの問題は解消され、会議の効率化につながります。

## ②目先の面倒を受け入れ、将来の面倒を回避する

　面倒だからといって必要な手続きを省くと、将来的にさらなる面倒事が発生する危険性が高まっていきます。たとえば、採決を省いて物事を決めてしまったら、あとで「なぜ私に無断で決めたのか」や「反対意見のほうが多かったから取り消せ」のような問題が出てきます。1つひとつ手続きをふむのは面倒に感じるかもしれませんが、それらはすべて将来的に起き得る面倒事を事前に摘むためのものであり、将来への投資になるものです。

## ③声の大きさではなく、意見の正しさを重視する

　会議は、声の大きい者が意見を押し通す場であってはなりません。声の大小にかかわらず、正しい意見だけが採用されるべきです。意思決定には多数決を採用し、多くの人が「正しい」と感じた意見が採用されなくてはなりません。

## ④機会平等を尊重し、結果平等は求めない

　参加者は意見を述べ、提案を行い、投票する機会を平等に与えられます。ただし、機会を結果に結びつけられるかは本人の努力次第です。自分の案が否定され、他人の案ばかりが採用されても、同じ機会を与えられた結果である以上は受け入れなければなりません。

## ⑤最大限の権利と、最低限の罰則

　参加者は、規律を守る限りは最大限の自由な発言と活動の機会を保証されます。同時に、規律を乱す者は最低限の罰則を受ける義務を負います。自由や権利は、規律があるから成立するものです。規律を無視してふるまうのは「無秩序」であり、「自由」ではありません。

　以上が本規則の基本理念です。なお、会議で遵守すべきは「規則」であり、理念ではないことにご注意ください。たとえば、「この行為は規則では禁止されていないが、理念を考慮して違反行為とみなす」という決定は、理念を拡大解釈して規則にない違反行為を定義しているので、誤った判断になります。

## 04 本規則に適した組織とは？

　本書で紹介する「テキスト議事法」は、**手続きを重視するタイプの議事法**です。手続きを定めることが会議の効率化につながるというのは本規則の理念でもありますが、手続きを省略してまで効率化を目指すものではありません。

　一方で、手続きを削ってでも会議の効率化を目指すというタイプの議事法もあります。このタイプの議事法は、手続きの正確さよりも意思決定のスピードアップを目指すために導入するものです。ベンチャー企業のように、小規模かつ全員が同じ目標を持って進んでいく組織に向いています。全員が同じ目標に向かって進んでいる以上、意思決定の手続きに多少の省略があったとしても問題視されないからです。

　このように、議事法は組織によって向き・不向きがあります。ここでは、本書で紹介する「テキスト議事法」がどのような組織に向いているかを解説していきます。

## ワンマンではなく集団統治

　本規則では、会議の参加者は平等な機会を持つことを理念としています。そのため、ワンマン企業のように、誰か1人が強い権力を持って物事を決めていく組織には適しません。本規則が活用できるのは、**集団統治が機能していて、かつ統治者が対等な立場にいる場合**です。一般社団法人や一般財団法人、あるいはNPO法人などは馴染みやすい形式でしょう。もちろん、ワンマン企業であっても本規則を適用する会議で集団統治が機能していればそれで問題ありません。

## スピードより正確さを重視

　本規則は、**意見を述べる際にじっくりと時間をかけて考えるタイプの会議**に適しています。ＳＮＳのグループメッセージなどを使い、チャット形式でほぼリアルタイムにやりとりするのも「テキスト会議」には違いありませんが、この場合はテキスト会議の利点の１つである「全員の時間を同時に押さえなくてよい」ことの恩恵が受けられません。

　本規則で想定するのは、たとえば、昼間のうちに誰かが投稿した内容を、夜になってから確認して返信するような会議です。このタイプの会議はやりとりに時間がかかるため、訂正や聞き返しなどで何度もやりとりをくり返さないよう、１つひとつの発言に時間をかけてしっかりと考えたうえで投稿することが求められます。

## 重要な話題を扱うことが多い

　議事法を導入すると会議は効率化されますが、とはいえ**あまり重要でない話題に議事法を導入するのは賢い選択とはいえません**。たとえば、夕食の献立を決めるために家族でメッセージをやりとりすることがありますが、そこに議事法を持ち込む人はいないでしょう。

　一方で、２００万円の予算をかけたパーティーでどのようなメニューを出すかは、議事法を使ってしっかりと決めたほうがよいものといえます。扱う話題の重要度によって、議事法の導入を検討してください。

## 05 「テキスト会議」はどんなもの？

　本書ではこれから「テキスト議事法」の説明を進めていきますが、それ以前に「テキスト会議」というものをよく知らないという方も多いものと思います。そこで、まずテキスト会議とはどんなものなのか、簡単な例を見るところから始めましょう。おそらく、実際に会議の流れを見ていただくのがもっともわかりやすいのではないかと思います。

　「テキスト会議」と呼べる会議にはさまざまな種類がありますが、ここでは本書で紹介する「テキスト議事法」を使用したテキスト会議を例にとります。ここで紹介するのは、本規則で**審議**と呼んでいる手続きです。審議は会議においてもっとも重要な「意思決定」を実現するための手続きで、討論や投票など、意思決定をするためにさまざまな規則や仕組みが用意されています。

　例として、ある架空の交流団体における委員会での審議を題材としてみましょう。この団体の委員会には「議長」と呼ばれる進行役が1名おり、ほかに「委員」8名と「監査人」1名で構成されています。この委員会では、今まさに新たな意思決定をするべく審議が始まろうとしているところです。

　なお、審議の例では本書でまだ説明していない用語もいくつか出てきます。くわしい意味合いは第3章以降で説明していますので、ここでは1つひとつの用語の意味を考えるのではなく、テキスト会議の雰囲気をつかむことを目的としてください。

## もっとも基本的な審議の例

　まずは、もっとも基本的な例をご紹介します。年会費を上げたいと考えているＡ委員が、新たな提案を行ったときのやりとりです。

[1] 2019/04/05　12:30:13　　投稿者：Ａ委員
下記の議案を提出します。
【議案】
2020 年から年会費を 1,000 円増額する
【議案の主旨】
2018 年の収支は赤字でした。今までの貯金があるためすぐには問題になりませんが、今後も同様に赤字が続いていくといずれ破綻します。
そこで、来年から年会費を 1,000 円増額することを提案します。会員のみなさんには申し訳ないのですが、団体の存続自体が危ぶまれる以上は致し方ないでしょう。

[2] 2019/04/05　14:15:21　　投稿者：議長
Ａ委員から議案が提出されました。
この議案を討論の対象とすることに賛同する人はいらっしゃいますか？
１週間以内に２名以上の賛同者が現れない場合、廃案となります。

[3] 2019/04/05　16:13:02　　投稿者：Ｂ委員
賛同します。

[4] 2019/04/05 17:51:45　投稿者：C委員
私も賛同します。

_____

[5] 2019/04/05 20:09:53　投稿者：議長
必要数の賛同者が集まりましたので、A委員提出の議案について討論を
行います。
討論期間は約1週間、4月12日の日付が変わるまでとします。
13日になったら投票を開始します。

　これが、本規則を適用したテキスト会議でのもっとも基本的な審議開始の流れとなります。

　審議はまず、新たなアイデアを持つA委員が、会議用のシステムに「**議案」を投稿する**ところから始まりました。「議案」とは審議で討論や採決を行うための主題になるもので、言い方を換えると「議案の内容に賛成か反対かを決める」のが審議、と言うこともできます。この「議案」を会議用のシステムに投稿し、ほかの委員に内容を共有したうえで、議案の内容を主題として討論していくことになります。

　なお、審議にはいくつかの決まりごとがあり、この例に出てくる「賛同者」もその1つです。この手続きをふまないと審議は開始できないのですが、本章はテキスト会議の雰囲気をつかんでいただくことが目的なので、細かな説明は省略します。くわしくは第3章以降で解説していきたいと思います。

[6] 2019/04/06 01:02:10　　投稿者：C委員

討論の開始には賛同しましたが、この議案には反対します。

去年はイベントが多かったので出費が増えましたが、特別な要因が重なったことによるものなので今後も赤字が続くとは思えません。

今の段階で会員に負担をお願いするのは時期尚早です。

---

[7] 2019/04/06 08:25:43　　投稿者：A委員

＞Cさん

確かに去年は特別なイベントが多くありましたが、私は今後もイベントを多く実施したいと考えています。そのため、今後もイベントの出費は増えるため、年会費の増額は必要となってきます。


　提出された議案に対する討論が始まりました。対面の（会議室で行う）会議では、挙手をして議長から指名を受けた人が順番に発言を行いますが、テキスト会議では指名の手続きはありません。対面での会議では複数の委員が同時に発言すると聞きとりにくくなるため議長が順番を決めて１人ずつ発言させますが、テキスト会議は文章によるものなのでその心配がないためです。

　討論は、委員が会議用のシステムにコメントを投稿していくことで進んでいきます。会議で使用するシステムについては第２章で紹介しますが、一般的な掲示板やＳＮＳのようなシステムを使用するものと思っていただければ問題ありません。

　討論では、議案に対してさまざまな意見が投稿されます。今回の審議では、議案に反対する委員と議案提出者の委員が意見をぶつけ合う展開になりました。

[8] 2019/04/06 10:11:32 　投稿者：D委員

イベントをあまり増やすとお金だけではなく開催する委員の負担も大きくなります。

私は安易にイベントを増やすことには反対です。

---

[9] 2019/04/06 11:01:05 　投稿者：C委員

イベントはお金をかければいいというものではありません。

安価で済むイベントを考えることが先決ではないでしょうか？

たとえば、去年のイベントには芸能人を呼びましたが、

その謝礼金が赤字を膨らませた要因でもあります。

Ａさんは今後も芸能人を呼んで多くの謝礼金を支払うつもりなのでしょうか？

---

[10] 2019/04/06 12:15:12 　投稿者：A委員

＞Ｄさん

確かにイベント開催の負担は大きいのですが、

たとえば業者に頼むことで委員の負担は下げることができます。

必要なら私が業者を探してきます。

＞Ｃさん

必ずしも芸能人を呼ぶことが必要だとは思いませんが、そのイベントは今まで開催したイベントの中で、もっとも会員からの評判がよいものでした。評判のよい内容を優先的に採用するのは当然ではないでしょうか？

[11] 2019/04/06 14:05:19　投稿者：議長
話がそれてきているので議長から注意をします。
この議案はあくまでも「年会費を1,000円増やす」というものであり、
用途をイベントに限定するものではありません。
議案に賛成・反対する理由の1つとしてイベントを取り上げることはかまいませんが、それが討論の主題とならないようご注意ください。

---

[12] 2019/04/06 15:21:33　投稿者：C委員
失礼しました。本題に戻します。
現在の会員数は220名なので、年会費を1,000円上げると
年間の収入が220,000円増えることになります。
昨年の赤字は約10万円でした。それならば値上げ幅は500円で足りるはずです。なぜ500円ではなく1,000円なのでしょうか？

　テキスト会議では、賛成意見と反対意見、そして質問と回答をくり返しながら討論を進めていきます。対面の会議では相手の発言が終わる前に話し始める人もいますが、テキスト会議ではそのような心配がありません。ただ、時々議論が主題である議案からそれることがあるので、議長が適宜注意を入れつつ討論を進めていきます。

　このあとは、各委員からの意見と、議案提出者であるA委員の説明や反論がくり返されることになります。そして、討論期間である1週間が経過したあと、審議は採決に移されます。それでは採決直前まで時間を進めてみましょう。

[31] 2019/04/13 09:12:12 　投稿者：議長

さまざまな意見が出ていますが、討論期間が終了したため採決に移ります。投票箱を設置したので、委員のみなさんは投票してください。

採決期間は4月20日の日付が変わるまでとなります。

（中略）

[35] 2019/04/15 20:15:03 　投稿者：議長

採決期間中ですが、すでに反対票が半数に達したため本議案は否決となりました。

現時点での票数は、賛成：1票、反対：5票、棄権：0票です。

未投票の委員は20日までに投票を行ってください。

[36] 2019/04/21 12:53:50 　投稿者：議長

最終結果です。本議案は反対多数で否決されました。

賛成：2票（A委員、B委員）

反対：5票（C委員、D委員、E委員、F委員、H委員）

棄権：1票（G委員）

不投票：議長のみ 　※決定投票がないため議長は投票せず

　審議は意思決定のための手続きです。理想的なことをいえば討論で全員の意見が一致することが望ましいのですが、なかなかそうはいきません。そこで、本規則では最終的に「**採決**」を行って多数決で物事を決めることになっています。今回の例では反対が多数となり、年会費を増額する案は否決されました。

以上がもっとも基本的な審議の流れとなります。おおまかにまとめると、本規則では意思決定をするために**「審議」**という手続きがあり、その審議の中でさらに**「議案の提出」「賛同者の募集」「討論」「採決」「結果の宣言」**という細かな手続きに分けられているということです。

　これらの手続きを順にふんでいくことで、あとになって「自分が知らないうちに決まった」や「思っていた内容と違う」という事態が発生することを防げるようになっています。くわしくは、第3章以降で説明します。

## 動議が発生する審議の例

　それではもう1つ例を見てみましょう。先ほどの例は「もっとも基本的」な例でしたが、審議はつねに淡々と進むわけではありません。ときには意見の対立や改善の提案などにより、議案に修正が加えられたり、審議が休止したりすることもあります。

　次の例では、考えの違いから**「動議」**が発生することになりました。動議とは「会議の進行や手続きに対して何らかの変更を提案すること」を意味する言葉で、本規則でもほぼ言葉通りの意味で使っています。

　本規則では意思決定のためにさまざまな仕組みを用意しており、「動議」もその1つです。審議で討論を行う過程で、討論期間の変更や討論の休止、あるいは弁護士や税理士などの有識者へ問い合わせが必要となった場合など、審議中になんらかの動きが必要となった場合に使う手続きが「動議」になります。

　動議によって審議がどのように動いていくか、例として団体の登記住所変更に関する審議を見てみましょう。

[1] 2019/06/01　09:37:24　投稿者：E委員
【議案】
団体の登記住所を東京都に変更する
【議案の主旨】
当団体は現在○○県で登記していますが、知名度を上げるにはやはり東京での活動が必要になってくると思います。そこでまず、登記住所を東京都に変更することを提案したいと思います。


（中略）


[6] 2019/06/02　00:09:17　投稿者：C委員
東京ということですが、具体的に東京のどこに移転するのでしょうか？
事務所契約の問題などもありますが、どの程度決まっていますか？


[7] 2019/06/02　09:13:56　投稿者：E委員
まだ具体的なところは詰めていません。
まず東京に移転するという方向性だけでも決めてからでないと、
事務所の下見なども難しいと思ったためです。


[8] 2019/06/02　17:13:38　投稿者：A委員
東京といっても広いので、都心にするのか郊外にするのか、
事務所もどの程度の広さでどのくらいの家賃になるのかなど、
ある程度の情報がないと討論にならないように思います。

Ｅ委員の議案には、反対とまではいかないものの情報不足を指摘する意見が目立ちます。Ｅ委員はこのまま討論を進めたいようですが、ほかの委員はもう少し情報を追加してもらえないと判断ができないようです。そこで、このままでは討論が進められないと判断したＡ委員が「動議」を提出しました。

[9] 2019/06/02 17:45:01　投稿者：Ａ委員
この審議に対して動議を提出しますので確認願います。
【討論休止動議】
この討論を１週間休止する
【動議の主旨】
もう少し情報が整理されないと討論を行うのは難しいものと考えます。
そこで、討論を一時的に休止してその間を情報収集にあてましょう。
我々も動きますが、Ｅ委員ももう少し情報を集めてほしいと思います。

　今回の例では、Ａ委員の「討論休止動議」によって討論を１週間休止することが提案されました。このように、審議では単に意見を述べるだけではなく、審議の進め方自体にも提案ができるようになっています。ただし、もちろん提案がすべて受け入れられるわけではありません。必要に応じて多数決を行いながら審議を進めていきます。

[10] 2019/06/02 20:46:43　投稿者：議長
Ａ委員から動議が提出されました。この動議に賛同する方は名乗り出てください。討論はこのまま続けてもらってかまいません。１週間以内に必要な賛同者が集まらない場合、動議は廃案とします。

[11] 2019/06/02　20:59:17　　投稿者：B委員
動議に賛同します。

---

[12] 2019/06/02　21:23:09　　投稿者：C委員
賛同します。

---

[13] 2019/06/02　23:22:29　　投稿者：議長
動議に賛同がありましたので、討論休止動議を採決します。
採決期間は６月９日いっぱいまでとします。
動議の採決の間も原審議の討論は続けてかまいません。
また、動議の是非について採決期間中に意見を述べてもかまいません。

---

[14] 2019/06/03　10:13:55　　投稿者：E委員
動議に対する意見です。私としては、先に方向性だけ決めてから情報収集をしたいという意見は変わりません。
とはいえ多数決で結論が出たら従います。

---

[15] 2019/06/04　20:23:34　　投稿者：議長
動議の賛成が過半数となりました。
現在の票数は賛成５票、反対２票、棄権０票です。
動議の内容に従い、この討論は本日から１週間休止します。
再開は６月11日のこの時間からとします。

このように、動議は議案提出者の意向にかかわらず適用できる強力な手続きです。ただし、強力なために使える範囲が定められています。

　今回の例で紹介した「討論休止動議」のほかには「討論期間変更動議」や「有識者招集動議」などが定義されていますが、詳細は次章以降に譲るものとします。


　さて、少し駆け足で審議の例を見ていただきましたが、「テキスト会議」とはどんなものか、そして、本書で紹介する「テキスト議事法」がテキスト会議でどのように使われるかは、なんとなく理解していただけたのではないかと思います。または、「なにかいろいろ覚えることが多くて大変そうだ」と感じた方もいらっしゃるかもしれません。

　会議を円滑に進めるためには、それなりのルールが必要となります。そして私の経験では、**ルールを覚えることの大変さよりも、ルールがないことで会議が混乱する大変さのほうがはるかに大きい**のです。


　本書ではこれから、テキスト会議の運用ルールである「テキスト議事法」の説明を進めていきます。最初は覚えることが多いかもしれませんが、一度覚えてしまえば間違いなく会議は円滑に進むようになります。ぜひ本書を活用し、テキスト会議を効率的なものにしてください。

## コラム 発言を委縮させないルールに

　これは、本規則のようなしっかりとした議事法を採用していなかった会議での話です。その会議は独自の運用ルールを使っており、審議では「討論期間は1週間、ただし連続して48時間以上意見が出なければその時点で採決に移る」という進め方をしていました。このやり方は、意見が出つくした議案を速やかに採決に移すことで一見効率的な議事進行ができそうなのですが、じつは問題点があります。

「48時間以上意見が出なければ採決に移る」ということは、逆にいうと、意見が出てしまえば採決に移れず、討論期間が延びてしまうということです。いつからか議案を早く成立させたい人たちは発言を控えるようになり、発言した人に対して「そんなわかりきった意見を出すな」と威圧的な態度をとるようになってしまいました。

　結果的に、明確な反対意見が出ない限り討論はほぼ無言で流れるようになり、形式だけの討論期間を経て採決が行われる流れができていきました。意見が出つくした議案を捌くための仕組みが、意見を抑圧したまま採決に進むというまったく逆の結果を生んでしまったのです。

　もちろん、最終的には採決でみんなが賛成しているのだからよいという考え方もあるでしょう。しかし、提出された議案が最初から１００点のものだという保証などありません。問題点がないことと、問題点に気づいていないことはまったく別です。明確な反対意見ではなくても、疑問点は質問し、少しでもおかしいと感じる点は意見を述べ、議案の内容を精緻化していくべきなのです。

　会議では、意図的か否かにかかわらず、発言を委縮させるような規則を作ってはならないということです。

第 2 章

# テキスト議事法の導入方法

# 01 テキスト議事法の導入手順

　前章でテキスト議事法を適用した会議の雰囲気はつかんでいただいたと思いますので、本章では実際に議事法を導入するための準備作業を見ていきましょう。

　テキスト議事法は会議での役割が明確に分けられ、それぞれの参加者がそれぞれの役割を担うことで会議を構成していきます。そのため、誰が何の役割を担当するかは、あらかじめ決めておかなくてはなりません。また、会議は「オンライン会議室」を使って行いますので、会議に使用するためのシステムも先に決めておく必要があります。

　本章ではこれらの準備作業について、おすすめする手順やツールとともに解説していきます。

### 本規則導入前に決めておくことの一覧

| 決めること | 概要 |
|---|---|
| 会議での役割 | 会議の参加者が担当する役割分担。<br>議長・委員・監査人と、必要に応じて有識者を選ぶ。 |
| オンライン会議室 | 会議を行うためのオンラインシステム。<br>グループウェアやＳＮＳなどを使う。 |
| 本規則の適用と撤廃 | 本規則をいつから会議に適用するか、および撤廃する場合はどうするか。 |

# 02 会議での役割を決めよう

　本規則では会議の参加者を「**議長**」「**委員**」「**監査人**」「**有識者**」の４つの役割に分け、それぞれの参加者がそれぞれの役割を担うことで会議を進行していきます。特に「議長」「委員」「監査人」は必須の役割で、これらを欠いた状態で会議を行うことはできません。

　役割を分けるもっとも大きな理由は「権限と負担の分散」です。役割を分けることで、誰か声の大きい人が１人で重要事項を決めてしまうという事態を避けることができるのです。また、逆に立場の弱い人に負担が集中することも回避できます。

　この役割はあくまでも会議における呼称です。そのため、組織上の役職とは一致しなくてもかまいません。たとえば、会社の会議ならば、ヒラ社員が議長で部長や課長が委員という構成でもまったく問題ありません。議長はくじ引きで決めてもいいし、あるいは選挙で決めてもいいでしょう。ただし、あまり頻繁に役割を変えると参加者が混乱してしまうので、日替わりのローテーションなどではなくある程度の期間は同じ役割で固定することを推奨しています。

　いずれにしても、役割が決まらないと本規則に則った会議は始められないので、会議に先立って決めておく必要があります。そのため、会議での役割は本規則の適用されていない会議で決めてもいいことになっています。なお、役割を兼務することはできません。ただし、本規則で「代行」という規定がある場合は、その範囲内で別の役割を代行することが可能となります。

# 議長

　議長は会議の代表者として取りまとめを行う役割で、代表となる1名をあらかじめ選出しておきます。主な役割は、討論期間の決定や採決結果の宣言など議事進行における手続きといったものですが、後述する「議長裁定」によって会議を円滑に進める権利を持った唯一の役職でもあります。

　そのため、「議長はほかの役割よりも格上である」と勘違いしやすいのですが、**議長は単に担当する作業がほかと異なるだけであり、ほかの役割よりも格上の存在というわけではありません。**ここを勘違いして議長が独善的にふるまうと、それだけで会議が破綻することがあります。

　議長は、会議では議事進行に注力します。そのため、議事進行が必要な「審議」の手続きでは討論には参加しません。また、議案の提出や前章でふれた賛同の権利も持っていません。

　議長にこれらの権限を与えない理由は、公平な議事進行のためです。議長も人間ですから、もし自分の提出した議案を自分で議事進行すれば、どうしても可決しやすい環境を作りたくなってしまうでしょう。また、議長には議事進行役としてやるべき作業がたくさんあるため、負担が偏らないようにする意味もあります。

　議事進行の内容は審議と密接に関連していますので、議事進行の詳細については別途「審議」の章でくわしく解説します。

# 委員

　委員は会議の中心を担う役割で、少なくとも**3名以上**で構成しなくてはなりません。委員の役割は会議で議案を提出することや投票を行うことなどさまざまで、それらは会議における委員の権限であると同時に責務でもあります。議長が議事進行など手続き的な役割を担うのに対し、委員は実務的な役割を担います。実質的に、会議は委員が中心となって進めていくといってよいでしょう。

　委員の権限と責務は、具体的には「議案の提出および修正」「討論」「動議または要求の提出」「賛同」「投票」などですが、これらはいずれも「審議」の章でくわしく解説します。

## ▶議長代行の規定

　会議において議長は欠かすことのできない役割であり、もし議長が不在になってしまうと会議が進行できなくなってしまいます。このような状態を防ぐため、議長はあらかじめ、委員の中から議長代行者を指名することになっています。

　議長代行者として指名された委員は、もし何らかの事情で議長が欠けた場合に議長の役割を代行することになります。それ以外の場合には特別な役割を持ちません。

　議長代行者は最低1名必要ですが、複数指名することを推奨しています。1名だけだと、議長と議長代行者がそろって不在になる可能性もありえるためです。ただし、その場合は代行者に優先順位をつけ、優先順位の高い者が順に代行することがわかるようにしておいてください。なお、もし議長が代行の指名を行う前に不在となってしまった場合は、原則として抽選で代行者を決めます。

## 監査人

　監査人は、会議が正しく進行されているかどうかを判断する指導員のような役割を担います。人数に制限はありませんが、通常は**3名程度の少人数で構成する**ことを推奨しています。

　監査人は会議に参加しますが、討論や議案の提出、および投票などの意思決定に関わる権限は持っていません。そのため、通常は議論に干渉することはできませんが、会議の進行に疑義がある場合は、その指摘のために発言することができます。また、議長または委員から発言を求められた場合は理由にかかわらず発言することができます。

　なお、監査人は「審判員」ではないので、サッカーや野球の審判のように**ルールに反した参加者を処罰する権限は持っていません**。監査人の役割はあくまでも監査および違反行為の指摘になります。

　このあたりは、後述する「監査」の章でくわしく述べています。

## 有識者

　有識者は、専門的な知識が必要な会議において、特別に参加を許された人物を指します。たとえば、法的知識が必要な会議に弁護士を参加させる場合や、会計知識が必要な会議に税理士を参加させる場合などを想定していますが、これに限りません。

　有識者はゲストのような扱いになるため、**会議の意思決定に関与することはできません**。また、発言も議長または委員から求められた場合のみに制限されています。あくまでも専門的な知識を補助的に提供する役割ということです。

# 03 オンライン会議室を設置しよう

テキスト会議はインターネットを介して開催するものなので、オンラインでアクセスできる会議室のシステムが必要になります。本規則ではこれを「**オンライン会議室**」と呼んでいます。

前章に記載した審議の例からもおわかりいただけると思いますが、本規則を適用した会議では特殊なシステムは必要としません。一般的なSNSやスレッドフロート型掲示板のように、トピック（スレッド）形式で投稿でき、それに返信がつけられれば最低限の機能としては充分です。あとは投票機能が必要となりますが、これはSNSの「いいね」などで代用してもかまいません。

---

**オンライン会議室に最低限必要な機能**

① トピック（スレッド）形式での投稿機能

② トピックに対する返信機能

③ 投票機能

---

ただし、人数の多い会議だと運用を続けていくに連れてトピックの数が増えていき、過去の議案や発言が埋もれてしまうこともあります。上記の機能だけでも頑張れば会議は進行できますが、会議の本質は「議論」なので、それ以外の作業で手間をとられるのは賢くありません。

幸い今の時代は機能が充実したオンライン会議室のシステムが多数提供されています。代表的なものや私がおすすめするものをいくつかご紹介しましょう。

# オンライン会議室の一例（クラウド型）

　まずは、「クラウド型」のオンライン会議室を紹介します。「クラウド」というのはやや専門的な用語ですが、利用者自身がサーバーやソフトウェアなどを準備しなくても、インターネットを介して必要な機能が必要な分だけ提供されるタイプのサービスのことです。

　多くの場合は、ウェブブラウザまたは専用のアプリをインストールすれば、サービスを利用できるようになります。Facebook や LINE のようなイメージと考えてもらえればいいでしょう。

　クラウド型のサービスは、システムにくわしくない人でも簡単に利用できるというメリットがあります。Facebook や LINE がこれほど普及したのも、利用の手軽さが大きな要因となったものでしょう。

　しかし、クラウド型には欠点もあります。それは、**運営会社がサービスを終了してしまったら、それ以降は会議室を利用できなくなってしまう**ことです。少し前までオンライン会議室といえば「サイボウズ Live」が有名でしたが、このサービスは 2019 年 4 月をもって提供が終了となってしまいました。これにより会議室の変更を余儀なくされた利用者は、２００万人以上いるといわれています。

　クラウド型のサービスは無料で利用できるものもありますが、運営会社もボランティアでやっているわけではありません。広告収入や宣伝効果を見込んだものなので、採算が合わなければサービス撤退の可能性はつねについて回ります。これは有料のサービスでも同じなので、クラウド型の会議室を使う場合は「移転」が必要になる可能性をあらかじめ考慮しておきましょう。

## ▶Zoho Connect

https://www.zoho.com/jp/connect/

　まずご紹介するのは「Zoho Connect」というサービスです。このサービスは前述したサイボウズ Live に使用感が似ており、サイボウズ Live からの移転を検討されている方にはもっともおすすめできます。

　トピックのカテゴリ分けや検索、投票、データエクスポートなど、オンライン会議室としては申し分のない機能がそろっています。スマホ対応もしているので外出先から会議室をチェックできる点も便利です。

## ▶Workplace by Facebook

https://www.facebook.com/workplace

　Facebook 社が提供する業務ツールで、使用感としてはＳＮＳとしての Facebook に似ていますが、ビジネス会議で必要なビデオチャットやグループ管理、さらには自動翻訳などの機能を備えています。

　機能面からわかる通り、これはテキスト会議を重視したサービスではなく、どちらかというとインターネットを利用したテレビ会議などを開催する場合に有力なツールになるのではないかと思います。

## ▶Facebook

https://www.facebook.com/

　Workplace ではなく、ふつうの（ＳＮＳとしての）Facebook をそのままオンライン会議室として利用することもできます。Facebook にはグループを作る機能があるので、これを使えばもっとも手軽にオンライン会議室を設置できます。ただし、トピックをカテゴリで分類することができないため、トピックが増えてくると古いものが埋もれやすくなります。小規模な会議に向いているといえるでしょう。

## ▶Slack

https://slack.com/

　チャットをメインとしたコミュニケーションツールで、ビジネスの現場にも多数取り入れられています。使用感としてはやはり「チャット」なので、ゆっくりと考えて返信するよりもほぼリアルタイムでやりとりするためのツールといえます。短期間ですばやく意思決定をする会議に向いているといえるでしょう。

## ▶サイボウズ Office

https://products.cybozu.co.jp/office/

　サイボウズ Live を提供していたサイボウズ株式会社の主力製品で、テキスト会議に特化していたサイボウズ Live に比べ、プロジェクト管理やワークフローなどビジネスの現場で使うさまざまな追加機能を有しています。そのため、慣れないと機能が多すぎて目移りしてしまうこともありますが、テキスト会議用のオンライン会議室としても使うことができます。

## ▶おすすめ

　私としては、小規模な会議ならば Facebook のグループ機能、それなりの規模の会議であれば Zoho Connect をおすすめしています。

　特に Facebook のグループ機能は無料で簡単に利用できるので、「とりあえず本規則を導入した会議を試してみる」という場合にはもっとも適しているといえます。

# オンライン会議室の一例（オンプレミス型）

　続いては「オンプレミス型」のオンライン会議室を紹介します。「オンプレミス」とは、利用者自身がサーバーを用意し、そのサーバーへソフトウェアをインストールして利用者自身が管理する形式のシステム運用形態のことです。

　オンプレミス型の場合はクラウド型と異なり、運営会社というものがありません。代わりに自分自身でシステムを管理するので、それなりにシステムの知識が必要となります。

　そのため、クラウド型と比べるとややハードルが高いのですが、運営会社の事業展開に左右されることがないため、サービスが終了する心配はありません。**システム管理のできる人がいるならば、オンプレミス型のほうが長期的な運用が見込めます。**

　オンプレミス型の場合はオープンソースソフトウェア（インターネット上でプログラムの中身を公開し、利用者が無償で利用や改変できる形式のソフトウェア）などを利用してオンライン会議室を構築します。ここでは、私が実際に使ったオープンソースソフトウェアをいくつか紹介したいと思います。

## ▶Flarum

https://flarum.org/

　まさにテキスト会議のためにあると言ってもいいソフトウェアで、検索やトピックのカテゴリ化、新着通知など便利な機能を一通り備えています。まだ新しいシステムのためコミュニティも活発で、世界中の利用者が新たな機能を開発しています。オンプレミス型を使うならば、まずこれを検討してみるといいでしょう。

### ▶HumHub

https://humhub.org/

　オープンソースのＳＮＳとしてはもっとも新しいもので、Facebook に似た見た目と使用感になっています。こちらも検索やタグによるトピックのカテゴリ化、新着通知などの機能を一通り備えています。Flarum よりも規模の大きな会議に向いているといえます。

### ▶Redmine

http://www.redmine.org/

　ＩＴ業界の人にはおなじみのソフトウェアで、システム開発に携わった経験のある人ならば一度は触ったことがあるでしょう。本来はテキスト会議ではなくタスク管理のツールですが、Redmine の持つチケット管理機能はテキスト会議との相性が良く、テキスト会議のオンライン会議室としても充分に使うことができます。

　オンプレミス型の場合はシステムを管理できる人が必要なので、システム管理者が使い慣れた Redmine を採用するというのも１つの手ではないかと思います。

### ▶おすすめ

　ここで紹介した３つのソフトウェアは、どれもおすすめできます。なかでも、数名程度の小さな会議では Flarum で、もう少し大きな規模ならば HumHub がいいでしょう。

　Redmine はどちらにも対応できますが、もともとがシステム開発用のツールなので利用者にも若干の知識が求められます。利用者のスキルも見ながら選んでください。

# 04 本規則の適用と撤廃

　会議での役割を決めてオンライン会議室を用意したら、基本的にはテキスト議事法を使う準備が整ったということになります。あとは「会議にテキスト議事法を適用する」という決定をするだけですが、本規則を適用するための決定を本規則の手続きを利用して行うことはできません。そのため、**本規則を会議に適用することの決定は「本規則によらず行う」**ものと定めています。会議を主宰する組織において、任意の決定方法をとっていただければ問題ありません。

　一方、本規則を会議から「撤廃」することの決定は、本規則が適用される会議によって行うことになっています。ただし、適用の時点で別の撤廃方法を定めていた場合はこの限りではありません。もし、撤廃の際に本規則を使いたくないならば、適用する時点であらかじめ撤廃方法も決めておいてください。たとえば、会員制の団体では下記のような撤廃方法を定めることもできます。

---

＜テキスト議事法の撤廃方法＞
テキスト議事法を理事会の会議から撤廃することは、理事会の意向にかかわらず、会員投票により過半数の賛成を得ることで決定する。

---

　なお、議事法は改定が行われることもあります。その場合はバージョンが変わるので、本規則の適用を決める場合は、必ずバージョンまで指定するようにしてください。本書に掲載されている議事法は、バージョン「1.0」になります。

# 05 「規則」と「原則」の違い

　本規則を導入するにあたり、考慮していただきたいことがあります。それは、本規則では「規則」と「原則」を明確に区別しているということです。

　「規則」とは、本規則における普遍的なルールとして定義されたものであり、**本規則を使う以上は変更することの許されない「決まりごと」**を指します。たとえば、本規則では、採決結果が賛否同数だった場合は否決として扱うことを定めています。これを変更して「賛否同数は可決として扱う」とすることはできません。

　一方、「原則」は本規則を使ううえでの標準的な決まりごとを指します。通常は「原則」に則った会議を行うことが求められますが、**審議により3分の2以上の賛成を得れば、原則とは異なる基準を採用することもできます。**

　たとえば、本規則では、最短の討論期間を「原則として1週間」と定めていますが、委員のアクセス頻度が低い組織では、1週間は短すぎることもあるでしょう。その場合は「最短討論期間を原則として2週間に変更する」という議案が提出され、それに対し3分の2以上の賛成が得られれば、原則を変更して最短討論期間を2週間とすることも許可されます。

　本書では、次章から本規則の詳細を解説していきますが、解説は原則をそのまま適用することを前提としています。そのため、解説を読むうえで「自分の組織には合わない」と感じることもあるかもしれませんが、

その際は「原則」を変更して適応できるかどうかをまず確認していただけると幸いです。

　本規則において「原則」に当てはまる部分は、条文中に角形括弧 [ ] で表現されています。たとえば下記のようなものです。

---

**第3章の3　賛同者**

第1条　賛同者の手続き
1　提出された議案が討論の対象となるためには、必要数の賛同者がつかなくてはならない。必要数は原則として [ 議案提出者を除いた委員の２割以上 ] とし、議案提出者本人は賛同者に含めない。
2　議長は、議案が提出されたら速やかに賛同者を募集する。ただし、委員が賛同者を募ること、ないし賛同者が募集に先立って賛同を表明することを妨げない。
3　賛同者の募集開始から原則として [ １週間 ] 以内に賛同者が必要数を満たさない場合、議案は討論を行わず廃案とする。
4　必要な賛同者がそろった議案はその時点で賛同者の募集を終了し、速やかに討論を開始する。

---

※「議案提出者を除いた委員の２割以上」と「１週間」が原則

　なお、本書ではこれらとは別に「推奨」という言葉も使っています。これは本規則における最適な運用方法を紹介する際に使うものですが、規則や原則とは異なり遵守することを強制するものではありません。とはいえ、会議を円滑に進めるための有益な情報であることに変わりはありませんので、ぜひ心に留めておいてください。

# コラム
## 「伝わったこと」が「伝えたこと」

　会議の場では、時々とんでもなく説明が下手な人に出くわすことがあります。いくら頭をひねって考えても、相手の説明が要領を得ないため話がつながらない。しかし、聞き返そうものなら「君はそんなこともわからないのか」と逆にこちらが怒られる。誰しも一度くらいは、このような理不尽な経験をしたことがあるでしょう。

　これは極端な例でしたが、人は「自分の説明に問題がある」ということに気づかず、理解できない相手が悪いと考えがちだということです。しかし、会議で自分の案を通したいと望むならば、まずは相手に自分の考えを伝え、最終的には自分の案に賛成してもらわなくてはなりません。「自分の考えが伝わらないのは理解してくれない相手が悪いからだ」という考え方では、結局自分の案は採用してもらえないのです。

　人間は、自分がすでに持っている情報と、新たに聞いた情報を結びつけることで話を理解しようとします。もし、相手に自分の考えが伝わらないならば、それは自分の説明に何かピースが欠けていて、相手の頭にある情報と自分が伝えた情報がうまくつながっていないということです。相手に自分の考えを伝えたいと望むならば、まずはこのピースを埋めるために自分の説明を変えることを考えたほうがいいでしょう。

　相手に「伝わった」と感じてもらえなければ、いくら自分が伝えたつもりになっても意味がありません。説明とは、「伝わったことが伝えたこと」なのです。

# 第 3 章

# 審議

## 01 議案の提出

　ここからは、意思決定の手続きである「審議」についてくわしく見ていきましょう。第1章では全体の流れをつかんでいただくために標準的な審議の流れをご紹介しましたが、ここでは1つひとつの手続きを詳細まで掘り下げて説明していきます。

　まずは、審議の開始点であり討論の土台になる「議案」から説明していきます。会議では「何について話し合うか」を明確にしなくてはなりません。その役割を果たすのが「議案」です。

　第1章の例では「2020年から年会費を1,000円増額する」という議案が提出され、それをきっかけに審議が開始されていました。

　議案は会議で議論する内容を表したものであり、何か新たに決めたい事柄がある場合や、現状を変更したい場合などに提出します。つまり、会議の主題そのものなので、ここがあいまいだと話が食い違う原因になりかねません。したがって、認識齟齬をなくすためにも、議案はいくつかの規則に沿って作らなくてはならないことになっています。

# 02 議案作成のルール

## ①行動を定義する

　議案は必ず「〜とする」「〜を行う」など行動を定義する形にし、**可決した場合にどのような行動をとればよいかを明確にしておかなくてはなりません**。議案を可決するということは、議案に書かれた通りに行動するということです。もしあいまいな表現が用いられていたら、せっかく時間をかけて会議を行っても、いざ行動に移した際に認識の食い違いが発生してしまうでしょう。

　たとえば、「〜したい」のような表現を使った議案は、可決後の行動に認識齟齬を生みやすいため不適切な議案です。

**悪い議案の例:『次回の懇親会は北海道で開催したい』**

　この議案が可決した場合、「北海道で開催する」ことが義務づけられたのか、それとも「北海道を第一希望とすればよく、結果として別の場所で開催しても問題ない」のかが判断できません。もし開催地を北海道に限定したいのであれば『次回の懇親会は北海道で開催する』という形にすべきであり、もし検討時の候補とすることのみを求めるのであれば、『次回の懇親会は北海道での開催を前提として検討し、1週間以内に検討結果を報告する』のような形とすべきです。

　議案は自分のやりたいことを提案するものですが、単に願望を述べるだけではいけません。「自分が何をしたいか」を主張するだけでなく「会

議で何を決めるか」、そして「可決したら、みんながどう行動するか」を意識して作るよう心がけましょう。

## ②否定形を用いない

　否定形を用いる議案、たとえば「〜しない」という形式の議案を提出してはなりません。なぜならば、「〜しない」という結果は、何の議案も提出しなければ自動的に得られるものだからです。

**悪い議案の例:『委員会の定員を増やさない』**

　議案は、**何か新たな決定をする場合に提出するもの**です。もし委員会の定員を変更したいという要望があるならば、変更したいと考える人が「委員会の定員を2名増員する」のような議案を提出しなくてはなりません。現状を変えたいと考える人が行動を起こさない限り、現状は維持されます。

　言い方を換えると、「定員を増やす」という議案が提出されて可決されない限り、委員会の定員は変わらないということです。したがって、あえて「定員を増やさない」という議案を提出することは意味がない行為と判断されます。

　なお、もしすでに「委員会の定員を2名増員する」という議案が成立していて、これを取り消したいと考えるのであれば、『委員会の定員を増員する議案を取り消す』や『委員会の増員数を1名に変更する』のような形の議案を提出することはできます。ここで述べているのはあくまでも「議案の文面に否定形を用いない」ということであり、何かに反対する議案を出してはいけないということではありません。

## ③疑問形を用いない

　否定形と同じく、疑問形の議案も提出してはなりません。疑問形は質問などで使われるものであり、行動を定義するものではないからです。

**悪い議案の例：『委員のタクシー移動を経費とすべきか？』**

　この議案が可決したとしても、結局のところタクシー移動が経費として認められたのかどうかは判断できません。したがって、このような形式の議案も不適切です。もし現状でタクシー移動が経費として認められておらず、今後は経費とすることを求めるのであれば、「委員のタクシー移動を経費とする」という形式の議案としなくてはなりません。

## ④提出者自身が賛成できる内容にする

　議案は提出者自身が賛成できる内容でなくてはなりません。審議は参加者全員の時間を使って行うものです。提出者自身が賛成できないような案に時間をかけるのは、誰もいい気はしないでしょう。

　また、討論では議案の内容に対して質問が出ることもあります。多くの場合は議案提出者が回答しますが、自分自身が納得できていない議案に対して正確な回答をするのは難しいでしょう。それでは討論が円滑に進められないので、その意味でも提出者自身が賛成できない議案の提出は禁止されています。

# ⑤採決形式に沿った内容にする

　第1章で紹介した審議の例にもありましたが、審議では最終的に採決によって議案の採否を決めます。本規則の採決は「賛否形式の採決」と「選出形式の採決」の2種類の採決形式を定義しており、議案もこのどちらかの採決形式に沿ったものとなっていなくてはなりません。

　採決形式の詳細については別途「採決」の章でくわしく説明していますので、ここでは議案の体裁に絞って説明します。

## ▶賛否形式の採決

　賛否形式の採決は「賛成」「反対」の二者択一で意思表明を行う形式の採決で、これまでに見てきた審議の例はすべて賛否形式の採決に対応した議案となっていました。おさらいすると、下記のような議案がそれにあたります。

**賛否形式の議案の例:『2020年から年会費を1,000円増額する』**

　この議案に対する採決は、議案の内容に賛成ならば賛成票を、反対ならば反対票を投じるというごくわかりやすい形式となっています。おそらくこの形式の採決は、特に説明をしなくても自然とイメージできるしょう。

　なお、正確に言うと「賛成」「反対」のほかに、「棄権」「不投票」という選択もすることができますが、このあたりの詳細については「採決」の章で述べるものとします。

## ▶選出形式の採決

　一方で、選出形式の採決は「複数ある選択肢から１つ（または規定数）を選ぶ形式」となっており、やや複雑です。具体的には下記のような議案がそれにあたります。

**選出形式の議案の例：**
**『当団体のオリジナルグッズを、下記の候補から３つ選んで作る。**
**(A)ボールペン　(B)サインペン　(C)ピンバッジ　(D)カレンダー**
**(E)ステッカー　(F)コースター　(G)Ｔシャツ』**

　この議案は、単に賛成・反対を投票するだけでは結論を得ることができません。議案自体の採否を決めることに加え、候補の中から３つの選択肢を指定して投票する必要があり、このような形式を「選出形式」と呼んでいます。

　選出形式の採決は、議案自体の採否と候補の決定を同時に行います。この例でいうと「オリジナルグッズを作るかどうか」の投票と「もし作るならばどれがよいか」の投票を同時に行い、それぞれに対して結論を得ます。

　つまり、「選出形式の採決」とは、「賛否形式の採決に、候補選択のオプションが追加されたもの」と考えてもらえればよいでしょう。採決の詳細は別途「採決」の章で解説しますが、議案の体裁としては賛否形式と同じ考え方で問題ありません。ただし、オプションとして選択肢を付加する必要があります。

## 03 議案の修正・取り下げ・変更

　議案提出者は、自身が提出した議案の内容を審議中に修正することができます。たとえば下記のようになります。

---

[15] 2019/03/11　16:33:45　　投稿者：A委員
【議案修正】
本議案を下記の通り修正します。

修正前：「公式サイトに会員検索機能を設け、4月1日より会員に公開して運用を開始する。」
修正後：「公式サイトに会員検索機能を設け、5月1日より会員に公開して運用を開始する。」

【修正の理由】
当初の議案は4月1日からの運用開始を目指したものでしたが、日程的に難しいことが判明したため5月開始に変更させてください。

---

　議案の修正は、賛同者の募集期間中または討論期間中ならば任意に行うことができます。ただし1つ注意していただきたいのは、**変更内容はあくまでも「修正」の範囲に留めなくてはならない**ということです。
　議案の修正は、審議が始まったあとに行う手続きです。もし議案の大意を変えるような変更を行ってしまうと、「今までの議論は何だったのか」ということになって審議の混乱を招いてしまうでしょう。したがっ

て、本規則では「修正の範囲」に留まる修正のみを認めています。

とはいえ、議案の内容はさまざまなので、どこまでが「修正」の範囲なのかを一律で規定することはできません。そこで、「修正」の範囲を逸脱した変更が行われた場合には、「**差戻し**」の手続きによって審議を前段階に差し戻すことができるようになっています。

差戻しは投票によって決める手続きです。手続きの詳細は本章で後述しますが、要は「修正内容が適切かどうかは、最終的には多数決で決める」ということだと理解しておいてください。

なお、議案の修正が可能なのは討論期間が終了するまでです。討論が終了した議案は、いかなる理由があっても修正することはできません。また、議案を修正できるのは議案提出者のみであるということも併せて覚えておいてください。

## 議案の取り下げ

議案提出者は、賛同者の募集期間中または討論期間中であれば、自身が提出した議案を任意に取り下げることができます。

取り下げた議案は否決や廃案としては扱わず、再度提出する場合は新規の議案として扱います。この違いは、後述する「一事不再議」に影響してくるのですが、くわしくはそちらの説明で述べます。

なお、討論期間が終了した議案は取り下げることができません。討論期間が終了したということは、採決によって結論を出す段階に達しているということです。議案の取り下げは、「討論期間が終了するまで」にのみ行えるものと覚えておきましょう。

## 可決した議案の変更と取消

　審議により可決した議案は、以降は**「決議事項」**と呼ばれるようになります。当初は個人の考えにすぎなかった「議案」が、討論を経て採決を行うことにより、会議全体の意思決定事項へと昇華したものです。

　決議事項となった議案はもはや個人のものではありません。会議全体の意思であり会議全体の決定となりますので、議案提出者であったとしても変更や取消はできなくなります。

　とはいえ、一度可決した議案（＝決議事項）を一切変更できないということではありません。本規則では決議事項に対し、変更または取消を行う手続きが用意されています。

　ただし、決議事項の変更や取消を説明するためには、先に審議全体についての説明をしなくてはなりません。したがって、ここではそのような手続きがあるということだけを紹介し、実際の手続きは本章の最後で改めて説明したいと思います。

# 04 一事不再議

　議案には「**一事不再議**」の規定があります。あまり聞き慣れない言葉かもしれませんが、要は「一度決めたことを何度も議論しない」という意味だと思っておいてください。

　一般的な一事不再議の規定は「同一会期中に同じ議案を何度も扱わない」という意味で使うことが多いようですが、本規則では若干意味合いを変えています。

## ▶本規則における一事不再議

- 一度審議において可決した議案は、当該議案が変更または取り消されない限り、再度議案として提出することはできない。
- 一度会議に提出されて否決または廃案とされた議案は、下記いずれかの条件を満たす場合に限り、再度議案として提出することができる。

　①　否決または廃案が決まった時点から、原則として半年間が経過した場合

　②　否決または廃案となった時とは異なる委員が提出し、かつ、あらかじめ必要数の賛同者が得られる目途が立っている場合

　一事不再議の規則は、会議の円滑な進行を担保するうえで非常に重要です。もしこの規則がなければ、否決された議案を何度もくり返し提案することもできてしまうからです。

もちろん、一度否決された議案であっても状況が変われば結論が変わることもあり得ます。そのため、原則として半年間（※これは「原則」であるため変更可能なことに留意してください）が経過するか、または別の委員が提案し、かつ賛同が得られる目途が立っている状況であれば、再度同じ議案を提出してもよいことにしています。

　なお、前述の「議案の取り下げ」によって取り下げられた議案は、否決や廃案とはみなされません。そのため、再度同じ議案が提出されたとしても、一事不再議にはあたりません。
　また、**一事不再議は議案の文面ではなく内容を見て判断する**ことになっています。たとえば、「イベントを半年ごとに開催する」という議案と「イベントの開催頻度を年1回から半年に1回にする」という議案は、文面は異なりますが意味的には同じなので、こちらは一事不再議にあたります。

## 否決された議案の扱い

　審議では、議案が可決されることもあれば否決されることもあります。可決された議案が「決議事項」として会議の意思決定事項となることはすでに説明した通りですが、では、否決された議案はどのように扱われるのでしょうか？　たとえば、「本店所在地を東京に移転する」という議案が提出され、否決された場合を考えてみましょう。

　まず、議案が否決された以上、東京への移転が決定しなかったことは間違いありません。では逆に、この組織は東京へ移転することが禁止されたと判断してよいのでしょうか？　答えは、「ＮＯ」です。
　議案が否決される要因には、議案の内容に反対だということ以外にも、議案提出者の説明不足や時期的な問題などさまざまな事情が含まれ

ます。今回の例でいうと、「議案提出者の説明が不足していたので賛成できなかった」や「移転するなら東京だと思うが、今はまだ移転の時期ではない」という理由で反対した人がいてもおかしくはないのです。

これらの人たちは議案には反対しましたが、東京への移転を禁止したかったわけではありません。つまり、**議案が否決されたことは、必ずしも議案の逆が肯定されたという意味にはならない**ということです。

したがって本規則では、議案の否決とは単に「新しい決定をしなかった」というだけのものとして扱い、議案に書かれた内容を否定する決定（または、議案の逆を肯定する決定）が行われたと解釈してはならないことを定めています。

なお、議案の否決が単に「新しい決定をしなかった」だけである以上、前述した「一事不再議」の件を除き、否決された議案がほかの議案に影響を与えることはありません。

たとえば、今回の例の続きとして「移転先の決定は会長に一任する」という議案が成立し、会長が「やはり移転先は東京にする」と言い出したとすれば、「東京へ移転する」という議案が否決された事実があったとしても東京へ移転してかまわないのです。

ただし、これはあくまでも議案が否決された場合の話です。もし、別途「東京への移転を禁止する」という議案が提出され、可決していたとすれば、この議案を変更または取り消さない限り東京へ移転することはできないことに注意してください。

このように、議案は可決した場合と否決した場合で扱いが大きく異なります。本項の内容をよく理解し、適切な扱いができるようにしておいてください。

# 05 賛同者の手続き

　さて、議案について詳細を見てきましたが、議案を提出すれば必ず討論が行われるかというとそうではありません。本規則では、提出された議案が討論の対象となるために、原則として**「議案提出者を除いた委員の２割以上」の賛同が必要**と定めています。

　会議では少数の意見も尊重する必要がありますが、だからといって提出されたすべての議案を討論するのは現実的ではありません。そこで、少数意見に配慮しつつも最低限の賛同が得られた議案のみが討論の対象となるよう、原則として２割の賛同者を必要としています。

　賛同者は、議案が提出されてから原則として１週間を募集期間として募集します。この間に必要数の賛同者が名乗り出た議案は討論を始め、必要数に満たなかった議案はその時点で廃案となります。なお、議案提出者本人は、賛同者の人数には含めません。

　賛同者は議長が呼びかけを行って募集しますが、委員が募集すること、または募集に先立って賛同を表明することもできます。なお、必要な賛同者がそろった場合は、その時点で募集期間は終了として討論に移ることになります。

## 賛同の表明

　委員は、提出された議案を『討論するにふさわしい』と判断した場合に賛同を表明します。ここで注意していただきたいのは、「議案の内容

に賛成」ではなく、**あくまでも「討論することに賛同」である**ということです。

　たとえ議案の内容に反対であっても、討論において問題点を主張したい場合や、あるいは原案には反対でも一部を変更すれば賛成できる場合などは、賛同を表明したうえで討論において反対意見を述べることもできます。もちろん、討論を経たうえでなお反対の意思が変わらなかった場合は、賛同した議案に対して反対票を投じても何ら問題ありません。

　また、賛同の表明には特に決まった文言はありません。たとえば、次のような内容はすべて賛同とみなしてかまいません。

- 「賛同します」
- 「速やかに討論に入りましょう」
- 「いいと思います」

　とはいえ、あまりにわかりにくい賛同の仕方は混乱を招きます。決まった文言がないとはいえ、常識的に理解できる範囲の言葉を使うようにしましょう。

　なお、賛同の表明は、賛同者数が必要数を満たす前ならば取り消すこともできます。上記の通り「賛同」とは議案への賛成ではないためあまり取り消す必要性はないかもしれませんが、手続きとしては可能ということです。ただし、必要数の賛同者がそろった議案はすぐに討論に移ってしまうため、必要数を満たしたあとには取り消せないことに注意してください。

## 06 討論の手続き

　それでは審議の中核である「討論」の詳細に移りましょう。委員はこの「討論」の手続きにおいて、議案またはほかの発言者の意見に対して自らの意見を述べることができます。また、議長および有識者も、委員から要請があった場合は意見を述べることができます。

　討論は、議案に対する疑問点の解消や、問題点の改善を目的として行うものです。会議でより良い結果を得るためにもっとも重要な手続きといってよいでしょう。

　討論では、**委員はすべて同格の存在**として扱わなくてはなりません。会社の役職では部長とヒラ社員くらいの差があったとしても、会議では上下関係を設けず、みんなが対等に意見を出し合える環境にすることが重要です。

　また、議長は議事進行に注力するため、基本的には討論に参加しません。ただし、委員から意見を求められた場合は発言することができます。なお、これは「議長は委員からの要請がない限り討論期間中に発言してはならない」という意味ではありません。たとえば、横道にそれてしまった討論を本題に戻すのは、議事進行を担う議長の役目です。議長は討論から除外されているのではなく、委員とは異なる役割を与えられているものと理解してください。

　本規則では、ほかにも討論を円滑に行うための規定を設けています。第1章の審議の例では簡単に説明していましたが、ここではもう少し細かく見ていきたいと思います。

# 討論期間

　討論は期間を定めて行うことになっています。本規則では最短討論期間を原則として**1週間**、最長討論期間を原則として**4週間**と規定しており、討論期間はこの間で定めなくてはなりません。

　これらの最短討論期間と最長討論期間はいずれも原則であり、会議の決定によって変更することもできますが、テキスト会議では参加者が会議の内容をつねにチェックしているわけではないため、あまりに短すぎる最短討論期間は設定しないほうがよいでしょう。委員が気づいたときにはすでに討論期間が終わっていた、という事態にもなりかねません。

　**討論期間は、討論開始時点で議長が設定します。**期間は最短討論期間と最長討論期間の間であればよく、議案ごとに長さが異なっていても問題ありません。たとえば、すんなり決まりそうな議案には短い期間を、紆余曲折が予想される議案には長い期間を設定するような運用が見込まれます。なお、討論期間は討論開始後に動議によって変更することも可能となっています。

---

[5] 2019/04/05　20:09:53　　投稿者：議長

必要数の賛同者が集まりましたので、A委員提出の議案について討論を行います。

討論期間は約1週間、4月12日の日付が変わるまでとします。

13日になったら投票を開始します。

---

# 討論の開始と終了

　討論は、必要数の賛同者がついたあとに議長が開始を宣言して始めます。討論期間は開始の宣言時点で設定され、その時点から時計が進み始めることになります。

　ただし、何らかの事情により議長の開始宣言が遅れた場合は、委員が代理で開始宣言を行ってもよいことになっています。本規則では、原則として２日間が経過しても議長が討論開始を宣言しない場合、委員が代理で宣言することができます。この場合、討論期間も代理の委員が決めることになります。

[6] 2019/03/28　17:12:55　　投稿者：Ａ委員
本議案に２名の賛同がついてから２日以上が経過しました。
議長がお忙しいようで討論開始の宣言が行われないため、私が代わりに
宣言し、現時点から討論を開始します。
討論期間は本日から約１週間、４月４日の日付が変わるまでとします。

　なお、討論期間終了の宣言は特に必要ありません。時間がきたら自動的に討論終了となります。

# 討論における注意

　討論は議案に沿って行わなくてはならず、**議案と無関係な、もしくは関係性が極めて薄い発言をしてはならない**ことになっています。

　もし議案の内容に沿わない発言が増え、討論が横道にそれてしまった場合は、議長は議事進行の一環として注意を促し、話を本題に戻さなくてはなりません。たとえば、第1章の例で出てきた下記の発言が、議長による注意にあたります。

---

2019/04/06　14:05:19　　投稿者：議長
話がそれてきているので議長から注意をします。
この議案はあくまでも「年会費を1,000円増やす」というものであり、用途をイベントに限定するものではありません。
議案に賛成・反対する理由の1つとしてイベントを取り上げることはかまいませんが、それが討論の主題とならないようご注意ください。

---

　なお、委員が話の脱線に気づき、議長の注意を待たず自ら注意を行っても何ら問題はありません。いずれにしても、討論は議案に沿って行うよう全員が心がけましょう。

　また、本規則では討論に限らず、発言全般における禁止事項をいくつか規定しています。禁止事項は「粗暴な表現の禁止」など議論における基本的な内容ですが、これらは別途「禁止行為」の章で述べるものとします。

# 07 動議の手続き

　第1章の審議の例でもふれましたが、討論は「動議」によって展開を変えることができます。

　一般的な言葉の意味としては、動議は『会議の進行や手続きに対して何らかの変更を提案すること』となります。本規則でもほぼ言葉の意味通りに使いますが、本規則における動議は、**会議全体ではなく「討論」のみに適用される**点に注意してください。

　動議には「討論期間変更動議」や「問い合わせ動議」など、あらかじめいくつかの種類が定義されていますが、これらはいずれも討論に適用することを前提としたものになっています。

　本規則における動議は、対象となる審議（以降、「原審議」と呼びます）の討論期間内に委員が提出します。複数の審議を対象として動議を提出することはできません。また、討論期間以外にも提出することはできません。

　動議が提出された場合、議長は議案提出時と同様の手続きで賛同者を募集します。議案と同じく、募集期間内に必要数の賛同者がついた動議は採決の対象となり、賛同者が足りない場合は廃案となります。

　なお、議長は動議と同様の手続きを「議長裁定」として提出することができますが、くわしくは「議長裁定」の項で説明します。

[9] 2019/04/01  13:15:22　投稿者：Ａ委員

【討論期間変更動議】

この審議の討論期間を１週間延長する

【動議の主旨】

討論が開始されて５日ほど経過しました。残りの討論期間はあと２日ほどですが、今のところ意見がまとまる気配がありません。

このまま採決に進むのは時期尚早と思いますので、討論期間を１週間延長する動議を提出します。

---

[10] 2019/04/01  16:28:11　投稿者：議長

Ａ委員から討論期間変更動議が提出されましたので、この動議に賛同する方は名乗り出てください。

原審議の討論はこのまま続けてもらってかまいません。１週間以内に必要な賛同者が集まらない場合、動議は廃案とします。

---

[11] 2019/04/01  17:00:23　投稿者：Ｄ委員

動議に賛同します。

---

[12] 2019/04/01  17:20:39　投稿者：Ｃ委員

賛同します。

## 動議の採決

　動議と議案の扱いが決定的に異なる点は、**動議は討論を行わず、賛同者が必要数を満たしたらいきなり採決を行う**ということです。

　多種多様な内容を提案できる議案と異なり、動議はあらかじめ提案できる内容が決まっています。そのため、詳細を討論することなく採決に移ることができるというわけです。
　とはいってもまったくの無言で採決できるとも限らないので、採決中に動議に対する意見を述べてもよいことになっています。

---

[13] 2019/04/01　18:00:48　　投稿者：議長
動議に賛同がありましたので、Ａ委員提出の討論期間変更動議を採決します。採決期間は４月８日いっぱいまでとします。

動議の採決中も原審議の討論は続けてかまいません。また、動議の是非について採決期間中に意見を述べてもかまいません。
ただし、原審議の討論期間はあと２日ほどとなっています。動議の採決中に原審議の討論期間が終了した場合は、原審議の採決は保留されることにご注意ください。

---

　必要数の賛同者が募集期間内に集まらなかった動議は、議案と同じく廃案となります。また、賛同者が必要数集まる前であれば、動議提出者は任意のタイミングで動議を取り下げることもできます。
　動議は可決するまでは原審議に影響を与えず、動議の採決中であっても原審議の討論を続けてかまいません。ただし、動議の採決期間中に原

審議の討論期間が終了した場合は、動議の採決期間が終了するまで原審議の採決開始を保留しなくてはなりません。

　なお、原審議の採決形式にかかわらず、動議の採決は「賛否形式の採決」となります。

---

[14] 2019/04/04　00:06:29　　投稿者:議長
原審議の討論期間が終了しましたが、まだ動議の結論が出ていないため原審議の採決は保留します。

---

[15] 2019/04/04　20:13:51　　投稿者:議長
討論期間変更動議が賛成多数となりましたので、原審議の討論期間を1週間延長し、4月11日いっぱいまでとします。
現在の票数は賛成5票、反対2票、棄権0票です。
動議の投票は引き続き受けつけますが、原審議の討論も続けてもらって問題ありません。

---

　動議は可決が宣言された時点で有効となり、原審議に動議の内容が適用されます。この例では討論期間変更動議が可決したので、原審議の討論期間が変更されることになりました。

　なお、動議には議案のような一事不再議の規則はありません。たとえば、討論期間をもう一度延長したいと考えたなら、同じ審議に対してふたたび討論期間変更動議を提出することができます。

# 動議の種類

　動議の種類は下記の通りです。本規則で定めている動議はこれがすべてであり、追加することはできません。

| 動議の種類 | 解説 |
|---|---|
| 討論期間変更動議 | 討論期間を変更するための動議。変更後の討論期間は動議提出者が提案する（ただし、最短討論期間と最長討論期間の間に限る）。<br>この動議が可決した時点で原審議の討論期間が変更される。ただし、原審議の討論がすでに変更後の討論期間を超えて行われていた場合、討論期間は直ちに終了とする。 |
| 討論休止動議 | 討論を一時休止するための動議。休止期間は最長討論期間を超えていてもよく、動議提出者が提案する。<br>休止期間中は討論を行ってはならない。休止期間が終了したら、休止した分だけ討論期間を延長したうえで討論を再開する。 |
| 問い合わせ動議 | 討論の内容について外部への問い合わせが必要な場合に使用する動議。問い合わせ先と内容は、動議提出者が提示する。この動議が可決した場合、提示された内容で問い合わせを行い、その結果を会議に報告しなければならない。<br>※問い合わせ中であっても討論期間は経過するので、回答を待つ必要がある場合は別途討論休止動議を併用する必要がある。 |

| 有識者<br>招集動議 | 討論に有識者を参加させるための動議。対象となる人物は動議提出者が提示する。<br>この動議が可決した場合、動議の対象となった審議は「専門的な知識を必要とする審議」とみなされ、指定された有識者を参加させなくてはならない。 |
|---|---|
| 発言録公開<br>制限動議 | 審議を発言録の公開対象外とするための動議。<br>この動議が可決した場合、動議の対象となった審議は発言録の公開対象から除外しなくてはならない。 |

　いずれの動議も、賛同者や採決の手続きは同じです。なお、1つの審議に複数の動議を適用しても問題ありません。

# 08 要求の手続き

　会議は自分1人で進めるものではありません。ときには、ほかの参加者に力を借りつつ進めていかなくてはならない場面もあります。本規則の審議では、ほかの参加者に何か対応してほしいことがある場合、「**要求**」という形でそれを求めることができます。

　要求の内容はさまざまで、本規則に反しない限り内容は問いません。たとえば、議案提出者に議案の修正を要求したり、議長に対して議長裁定を要求したりすることもできます。

---

[21] 2019/05/10　12:00:14　　投稿者：B委員
【要求】
議長に要求します。
この審議の討論期間を1週間延長してください。
討論期間変更動議を出してもいいのですが、この討論期間はもともと議長が定めたものです。今の討論状況を鑑み、議長自身に見直しを行っていただくのが筋かと思います。

---

　要求は自分の希望を述べているにすぎないため、本質的には意見表明の1つでしかありません。ただし、ほかの参加者に対応を依頼するときはその意思と内容を明確にすべきと考え、このような手続きを用意しています。

要求は討論期間中に委員が提出できます。前述の通り意見表明の一種なので、賛同者は必要としません。また、意見表明であるため強制力はありません。

　要求に応じるか否かは要求を受けた当人が判断すればよく、対応の義務もなければ回答する義務すらありません。ただ、無視をすると会議の空気が悪くなることが多いので、義務ではないとしても対応しない理由くらいは回答したほうがよいでしょう。

---

[22] 2019/05/10　18:12:59　　投稿者：議長
Ｂ委員の要求に回答します。

討論期間は確かに議長が決めたものですが、それは討論開始時点の基準にすぎません。
現在の討論状況は、主に委員のみなさんが活発な議論を行ってきた結果です。討論期間の延長が必要なのであれば、議長が頭ごなしに決めるのではなく、討論の中心であるみなさんに決めていただいたほうがよいものと思います。
お手数ですが、必要と考える人が動議を提出してください。

---

　この例では議長がＢ委員の要求を拒否しました。要求はあくまでも希望を述べるだけのものなので、これで要求の手続きは終了です。なお、議長がＢ委員の要求を受け入れた場合は議長裁定が実行されることになりますが、その場合でも「Ｂ委員が議長裁定を行った」ということにはなりません。Ｂ委員の要求をきっかけにして議長が行動したことは間違いありませんが、最終的に行動を決めたのは議長自身であり、行動の主体は議長になります。

## 要求における禁止事項

　要求はあくまでも、自分の希望を述べて相手に対応を「お願いする」手続きです。したがって、他人に対して対応を強要するものであってはなりません。また、本規則に反する行動を要求してはならず、要求を受けた方も「要求されたから」といって本規則に反する行動をしてはなりません。

　要求に沿って行動する場合であっても、行動の責任は行動した本人にあるということは忘れずにいてください。

## 09 差戻しの手続き

　ここまでに紹介した手続きは、すべて審議を先へ進めるためのものでした。しかし、ときには審議を差し戻さなくてはならないこともあります。本規則ではそのようなときのために、「**差戻し**」の手続きを用意しています。

　差戻しは非常に強力な手続きで、途中まで進んだ審議を特定の段階からやり直すことができます。ただしいつでも自由に使えるわけではなく、「審議の手続きにおいて本規則に反する行為が認められた場合」に限定されています。つまり、「**違反があったから訂正してやり直す**」という**場合のみ使える手段**ということです。

　差戻しの提出は委員が行いますが、提出の際は違反のあった手続きと正しい手続きを明示しなくてはなりません。途中まで進めた審議を一部とはいえ破棄することになる影響力の大きい手続きなので、本規則を正しく理解したうえで提出することが必要です。

　差戻しの手続きは動議と似ていますが、こちらは審議の進行中（議案の提出時点から採決期間終了まで）であれば討論期間以外でも提出することができます。また、採決の手続きに違反行為が認められた場合は、採決期間終了時点から原則として**3日間**は差戻しの提案ができるようになっています。

[18] 2019/04/29 16:13:21　投稿者：A委員

【差戻し】

本審議ですが、動議の採決中にもかかわらず、議案提出者であるE委員が原審議の採決を開始してしまいました。

動議の採決中に原審議の討論期間が終了した場合は、原審議の採決開始を保留することになっています。

議長が採決開始の宣言を行っていないのはそれが理由であり、委員が議事進行を代行する条件には該当しません。

したがって、本審議における誤った採決の手続きを破棄し、原審議の討論期間終了時点まで差し戻すことを求めます。

---

[19] 2019/04/29 17:20:56　投稿者：議長

A委員より差戻しの提案がありました。

賛同される方はコメントをお願いします。

---

[20] 2019/04/29 17:45:56　投稿者：B委員

賛同します。

---

[21] 2019/04/29 18:01:47　投稿者：C委員

賛同します。

差戻しは動議と同じで、差戻しの提案に対して必要数の賛同者がついた場合は討論を行わず、直ちに採決を行います。ただし、採決期間中に意見を述べても問題ありません。

　また、賛同者が必要数に達する前であれば、差戻しの提出者が任意に取り下げることもできます。

　採決形式も動議と同じで、対象となる審議の採決形式にかかわらず賛否形式の採決となります。ただし、差戻しは非常に強力な手続きなので、可決ラインは「３分の２以上」となっています。

---

[22] 2019/04/29　19:50:23　　投稿者：議長
賛同者が必要数を満たしたので、差戻しの採決を開始します。
差戻しの可決ラインは３分の２以上なのでご注意ください。

---

[23] 2019/04/29　20:02:11　　投稿者：Ｅ委員
差戻しに対する意見です。ご迷惑をおかけして申し訳ありませんでした。
速やかに可決していただけると幸いです。

---

[24] 2019/04/29　23:15:19　　投稿者：議長
すでに全員が賛成に投票していますので、差戻しを適用します。
原審議は討論期間終了時点、つまり、先に提出された討論期間変更動議の採決期間が２日経過した時点まで差し戻されました。
引き続き、動議への投票をお願いします。

差戻しが成立すると、審議は違反とされた手続きの直前まで戻されます。差し戻された時点よりもあとに行われていた手続きはすべて破棄され、討論期間や採決期間も差し戻された時点まで戻されます。ＳＦ映画などで見かける「時間が巻き戻った状態」ととらえていただくのがわかりやすいでしょう。違反となった手続きの直前から、それ以降の審議を改めてやり直すことになります。

　このように、差戻しは審議での違反行為を是正するために有効な手続きではありますが、途中まで進んだ審議を半ば破棄してやり直すことになりますので、混乱を招きやすくなります。
　また、討論期間や採決期間が巻き戻るといっても、会議に参加している人たちの現実の時間まで戻るわけではないので、参加者への負担も大きくなってしまうでしょう。

　差戻しはあくまでも最終手段ととらえ、そもそも審議で誤った手続きをしないようつねに心がけておくことが重要です。

# 10 議長裁定

　議長裁定とは、審議を円滑に進めるために、一部の手続きを議長の裁量により簡略化して実行できるようにしたものです。

　たとえば、第1章で「討論休止動議」を使った審議の流れを紹介しました。動議は委員が提出し、それに賛同者がつくことで採決に移され、採決で過半数の賛成があってはじめて有効となります。しかし、議長裁定はこれらの流れをすべて省き、議長の決定のみで討論を休止することもできるようになっているのです。

　このような手続きが許されているのは、審議にかける時間を短縮するためです。何らかの事情で討論を休止せざるを得なくなったときに、そこから動議を提出し、賛同者を募り、採決を行う……という手続きを経るのは負担が大きい場合もあるでしょう。このような状況を考慮し、議長の決定により即座に動議が適用できるようになっています。

　ただし、もちろん議長の決定が絶対だということではありません。議長が独善的な議長裁定を行った場合、委員は「**異議**」を提出してその裁定を無効化する権利を持っています。

　また、**議長裁定はあくまでも「手続きの簡略化」なので、議長裁定によってのみ実施できる手続きというものはありません。**簡略化の影響で手順や実施可能な時期が異なることはありますが、「議長裁定」は議長に与えられた強い権限ではなく、あくまでも審議を簡略化するための手続きの1つにすぎないということを認識しておいてください。

# 議長裁定の種類

　議長裁定は便利であるゆえに、実施できる対象が限定されています。ここに記載したものが議長裁定で実施できることのすべてで、拡張することはできません。

## ▶すべての動議

　すべての動議は、議長裁定により採決することなく適用することができます。賛同者も必要としません。議長裁定が実施された時点で、動議が可決した場合と同じ結果が適用されます。

---

[15] 2019/04/26　10:15:46　　投稿者：議長
この審議の討論期間はあと３日残っていますが、まもなくゴールデンウィークに入ります。連休中は会議に参加できないと表明している委員が数名いますので、議長裁定により討論休止動議を適用し、本審議の討論を連休明けまで休止したいと思います。再開は５月７日の０時からとします。

---

　このように、議長裁定による動議は議長が宣言した時点で有効となります。ただし、後述する「異議」が可決した場合は、審議が議長裁定の直前まで差し戻されることに注意してください。

## ▶有識者の招集

有識者招集動議と同じ効果を、討論期間の開始以前に適用することができます。たとえば、議案が提出された時点で有識者の招集が必要と判断すれば、たとえ賛同者がそろう前であっても有識者の招集ができます。

[4] 2019/03/13 20:33:17　投稿者：議長
まだ賛同者の募集期間中ですが、本議案は会計の知識が必要になる可能性が非常に高いため、議長裁定により顧問税理士を有識者として招集したいと思います。

## ▶発言録公開の制限

発言録公開制限動議と同じ効果を、討論期間の開始以前に適用することができます。通常は、議案が提出された時点で公開を制限すべき内容かどうかを判断し、必要であれば賛同者の募集に先立って議長裁定を行います。

[2] 2019/04/23 15:20:29　投稿者：議長
A委員から提出された議案は個人情報を含むものであり、広く公開すべきではありません。つきましては、本議案の審議は議長裁定により発言録の公開対象から除外します。そのうえで賛同者を募集しますので、賛同する方はコメントしてください。

## 議長裁定に対する異議

　委員は、すべての議長裁定に対して「**異議**」を唱えることができます。異議の手続きは差戻しの手続きと似ていますが、決定的に異なるのは、異議は**議長裁定の内容が本規則に反していなくとも提出できる**という点です。

　たとえば、討論期間変更動議が議長裁定により適用され、討論期間が１週間から２週間に延長されたとします。２週間という討論期間は（原則を変更していない限り）最短討論期間と最長討論期間の条件を満たすため、本規則には反していません。

　しかし、たとえばある委員が「討論期間は１週間のままにすべきだ」と考え、議長裁定による討論期間変更は不適切だと感じたとすれば、この議長裁定に対しても異議を提出することができるのです。

　なお、異議は議長裁定が実行されてから原則**３日間以内**に提出しなければならない点にご注意ください。

---

[33] 2019/05/20　00:27:33　　投稿者：議長
討論期間はあと１日残っていますが、現状では討論に決着が見える兆しがありません。
つきましては、議長裁定により討論期間をあと１週間延長します。新たな討論期間は５月28日いっぱいとします。

> [34] 2019/05/20 00:45:09　投稿者：Ａ委員
> 【異議】
> 議長裁定に異議を提出します。
> 本議案は５月中に決着すべき案件です。採決期間は長ければ１週間必要
> なので、討論期間を５月28日まで延ばしてしまったら５月中に採決が
> 完了するという保証がなくなってしまいます。
> 私は討論期間を変更する必要はないと思いますが、もしどうしても延長
> するのであれば、どんなに長くても５月23日いっぱいまでにしてくだ
> さい。

　くり返しになりますが、議長裁定とは「手続きの省略」です。この例
を見てもわかる通り、本来の動議で必要な「採決で過半数の賛成を得る」
という手続きを、議長裁定では可決する前提で省いています。
　しかし、本来の動議を採決する場合は、その内容が本規則に反するか
否かにかかわらず、委員は反対の意思表示をすることができたはずです。
議長裁定によってその権利を奪ってしまっては議長の持つ権限が強くな
りすぎてしまうので、異議はこのような仕組みになっています。
　つまり、議長裁定における「異議」とは、**委員が本来持つ「反対する
機会」を保証するもの**と言い換えることもできるため、本規則に反する
かどうかにかかわらず提出することが可能なのです。

## 異議の賛同者と採決

　異議は差戻しと同じく、必要数の賛同者がついた場合は討論なしで直ちに採決されます。また、賛同者が必要数を満たす前であれば、提出者は任意に取り下げることができます。

　異議における賛同者と採決の手続きは基本的に差戻しと同じですが、唯一異なるのは可決ラインが「**過半数**」という点です。これは、議長裁定が動議の手続きを省いたものであるということが理由です。動議は過半数により採否が決定するので、議長裁定も同様の基準になっているということです。

　異議は、差戻しと同じく可決するまで効力を発揮しません。したがって、異議の採決期間中は議長裁定が有効な状態となります。その後もし異議が可決した場合は、差戻しと同じく議長裁定が行われる直前まで審議が差し戻され、そこから審議をやり直すことになります。

　議長裁定は審議の手続きを簡略化するための手順ですが、委員からの賛同が得られない裁定をしてしまうと、異議の可決により審議が差し戻されて余計な時間をかけることになります。

　議長裁定は議長だけの判断で行うのではなく、委員たちの反応も見つつ慎重に実施すべきということです。

# 11 決議事項

審議に提出された議案が可決されると、それ以降は「**決議事項**」と呼ばれるようになります。決議事項とはその名の通り「決定したこと」であり、当初は個人の意見でしかなかった「議案」が、審議を経て会議全体の決定へと昇華した姿です。

**決議事項は会議全体の意思決定事項**であり、採決時に賛成したか反対したかにかかわらず、会議の参加者は決議事項を遵守しなくてはなりません。これは民主主義の考え方ですが、「まず徹底した議論を行い、それでも意見が一致しない場合は多数決によって決定する」ことが基本です。そして、多数決によって決めたことは、反対派であっても遵守しなくてはなりません。

ただしこれは、一度決めたことは何があっても変更してはならないということではありません。本規則には決議事項を取消または変更するための手続きも備わっています。

## 決議事項の取消と変更

決議事項を取消または変更するためには、そのための審議を行う必要があります。といっても特別な審議の手続きをふむのではなく、決議事項の取消、または変更する旨を議案として提出すればよいだけです。

[1] 2019/04/20　18:30:16　　投稿者：Ａ委員

【議案】

3月に成立した決議事項「公式サイトに会員検索機能を設け、5月1日より会員に公開して運用を開始する」を下記の通り変更する。

変更前：「公式サイトに会員検索機能を設け、5月1日より会員に公開して運用を開始する。」
変更後：「公式サイトに会員検索機能を設け、6月1日より会員に公開して運用を開始する。」

【議案の主旨】

3月に成立したこの決議事項ですが、予定していた5月1日からの公開が難しいことが判明しました。今の感じだと5月中旬には完成する見込みですが、再度の延長がないように余裕をみて6月1日の公開に変更させてください。

　このように、変更対象とする決議事項と変更内容を明記したうえで、新たな議案を提出すれば決議事項変更の議案となります。「取消」の場合は、取消対象とする決議事項を明記してください。

　議案提出後の手続きは通常の審議と同じです。ただし、決議事項の取消または変更は、可決ラインが「3分の2以上」と定められていますので注意してください。一度決めたことを翻すには、より多くの賛成を得なければならないということです。

# 取消・変更された決議事項の扱い

　決議事項は、取消または変更の議案が可決したら効力を失います。そして、変更の場合は変更後の議案がその時点から新たな決議事項として効力を得ることになります。

　注意していただきたいのは、**決議事項は過去にさかのぼって失効させることはできない**ということです。たとえば、「イベントを欠席する場合は、開催日の１週間前までに報告しなくてはならない」という決議事項を「２週間前まで」に変更したとしたら、この変更が有効になるのは次回のイベントからでなくてはなりません。

　もし「昨年のイベントからさかのぼって適用する」という決議事項が認められてしまったら、今までルールに則って１週間前までに報告していた人たちまで違反行為をしたことになってしまいます。

　このような規定は**「法の不遡及」**といわれ、先進国の法律では当然の基本原理とされています。本規則は法律というわけではありませんが、遡及的に認められる規則は間違いなく混乱を招くため、不遡及の原理に則った規定になっています。

　なお、不遡及の規定は「決議事項が適用されていた過去を消すことはできない」ということでもあります。おかしな決議事項を成立させてしまうとその事実はずっと消せずに残ってしまうので、取消や変更の規定があるとしても、採決の際はよく考えたうえで投票を行うようにしてください。

# 不備のある決議事項

　本規則は監査人の設置や差戻しの手続きなどを規定しており、規則に反した決議事項が極力発生しないよう配慮した構成になっています。しかし、人間である以上は必ずミスが生じます。議長・委員・監査人がそろって不備を見逃してしまい、不備があるまま決議事項が成立してしまうこともあるでしょう。

　本規則では、このように不備が見落とされて成立した決議事項は、いったんは有効なものとして扱うことを定めています。乱暴な言い方かもしれませんが、参加者が誰も気づかないような不備はそれほど重大ではないはずなので、不備が見つかったからといって直ちに決議事項を無効化するよりは、有効なものとして扱うほうが混乱は少ないとの判断によるものです。

　ただし、もちろんこれは不備のある決議事項をそのままにしていいという意味ではありません。"いったん"は有効なものとして扱いますが、不備に気づいた時点で速やかに決議事項の変更または取消の手続きをとることを定めています。つまり、是正措置がとられるまで暫定的に有効なものとして認めるということです。

　なお、当然ながらこの規定を悪用してはなりません。不備に気づかなかったことにして意図的に問題のある決議事項を存続させることは、明確に禁止されています。

# コラム

●●●●●●●●●●●●●●●●●●●●●●●●●●●●●●●●●●●
## 「反対意見」を出せる会議に

これは私が直接参加していた会議の話ではないのですが、議長が誤った議事進行を行ったために会議が紛糾し、最終的には委員の辞任にまで発展してしまったことがありました。

その会議では重要案件を2週間で決めなくてはならない状況になっており、かつ、おそらく結論はすんなり出ないだろうということも見込まれていました。

そこで議長が提案したのが「議長への一任」です。時間的な制約があるうえに意見集約も難航が予想され、場合によっては委員の間に遺恨が生じてしまう可能性も見えていたので、それならば議長の責任で決めてしまうほうがよいという判断でした。

私は、この提案自体が間違っていたとは思いません。委員会のことを考慮したうえでの提案であり、一任のとりつけ自体は委員の多数決で決めることになっていたので、手続きにおいても会議の意思が尊重されたものになっていたからです。

しかし、その後の議事進行が問題でした。おそらく議長の頭の中には「2週間で決めなくてはならない」という意識が強くありすぎたのでしょう。事前に議長案を提示して「一任されたらこの案を採用する」と宣言したところまではよかったのですが、一任をとりつけるための審議では「議長の権限」の名のもとにすべての動議を禁止し、かつ議長案に対する修正の要求も禁止し、とにかく議長案の内容で一任をとりつけることだけを目的に進んでいきました。

動議や修正要求を禁止するということは、反対意見を完全に封じ込めてしまうということです。結果的に一任は賛成多数で承認されましたが、修正案すら出せぬまま議長案を呑まざるを得なかった反対派は大きく不満を募らせる結果となり、最終的には辞任を引き起こす原因にもなってしまいました。

　会議では、すべての委員は自由に発言できなくてはなりません。賛成意見も反対意見もすべて俎上に載せ、各自がそれらを考慮したうえで、最終的には多数決に結論をゆだねるのが正しいあり方です。
　自分の意見をすべて主張したうえで多数決に結論をゆだねることと、反対意見すら言えないまま多数決で物事が決まってしまうことは、たとえ採決の結果が同じであろうと、人が抱く感情はまったく異なるものなのです。

　この事例での議長は、このやり方が最善と信じて会議を進めたのでしょう。しかし、たとえ善意によるものだったとしても、意見そのものを封じるようなやり方は、やはりどこかにひずみが生じてしまうということです。

# 第4章

# 採決

# 01 採決の構成

続いて「**採決**」の説明に移ります。採決とは、討論を経た議案の採否を決めるために、**議長および委員が投票を行う手続き**のことです。つまり、採決は審議の一部なのですが、規定が多いため便宜的に章を分けて説明していきます。

採決は審議の締めくくりであり、この手続きによって、それまで討論を進めてきた議案の採否が決まります。そのため審議の中でも特に厳格な手続きが求められ、いくつかの細かな決まりごともでてきます。とはいえ、細かいだけで難しい話ではありませんので、本章で少しずつ紐解いていきましょう。

前章でも少しふれましたが、本規則における採決は「賛否形式の採決」と「選出形式の採決」の２種類があります。それぞれ手続きが異なるのですが、まずは両方の手続きに共通する規定から見ていきます。

## 採決の対象

先ほど、採決は「議案」の採否を決めるための手続きだと書きました。では、採決の対象となる「議案」とは具体的にどこまでの部分を指すのでしょうか？　本書で最初に紹介した審議の例で確認してみましょう。

この例の「議案」はどの部分でしょうか？　「2020年から年会費を1,000円増額する」という部分が含まれるのは間違いなさそうですが、その下の「議案の主旨」の部分は議案の一部なのでしょうか？

> [1] 2019/04/05 12:30:13 　投稿者：Ａ委員
> 下記の議案を提出します。
> 【議案】
> 2020年から年会費を1,000円増額する
> 【議案の主旨】
> 2018年の収支は赤字でした。今までの貯金があるためすぐには問題に
> なりませんが、今後も同様に赤字が続いていくといずれ破綻します。
> そこで、来年から年会費を1,000円増額することを提案します。会員
> のみなさんには申し訳ないのですが、団体の存続自体が危ぶまれる以上
> は致し方ないでしょう。

　じつは、「議案」と呼べるのはあくまでも「2020年から年会費を1,000円増額する」の部分だけであり、その下にある「議案の主旨」や、あるいは討論において議案提出者が説明した内容などは、**採決の対象である「議案」には含まれない**のです。

　この例でいうと、「赤字が続いていくといずれ破綻します」や「団体の存続自体が危ぶまれる」という話は、議案提出者であるＡ委員の意見でしかありません。

　議案はあくまでも「2020年から年会費を1,000円増額する」なので、この議案の採決で賛成したからといって、団体の存続が危ういと認めたことにはならないということです。

　逆にいうと、団体の存続が危ういなどとはまったく考えておらず、何か別の思惑により会費を上げたいと考える人も、この議案には賛成することができます。

　Ａ委員の議案は増額した年会費の用途を限定していません。たとえ議案の主旨や討論時の意見で「イベントに使う」という主張をしたとして

も、議案に含まれない内容は、この議案が可決しても承認されたことにはならないのです。

　もし、増額した年会費の用途を限定したいのであれば、「2020年から年会費を1,000円増額し、増額分は全額イベント経費にあてる」のような議案とする必要があります。

## 記名投票と無記名投票

　本規則における投票は、基本的には**記名式の投票**としています。記名投票というのは、投票した人物の名前と投票行動（賛成に投票したか反対に投票したか）が公開され、ほかの参加者から見える形式のことです。

　会議で何かを決めると、多くの場合は影響が自分だけに留まらず、他者の行動にも影響を与えることになります。決定内容によっては、会議に参加していない人たちにまで影響することもあるでしょう。つまり、**決定をする立場の人は他者の行動を決める責任を担っており**、その責任の所在を明確にするために記名式の投票となっているのです。

　とはいえ、ときには記名式だと都合の悪いこともあるでしょう。特に人の評価に関わる審議の場合は、投票行動がわかってしまうと日常での関係性にまで影響を及ぼしかねません。そこで、本規則もつねに記名投票というわけではなく、条件に応じて無記名投票に変更できるようになっています。

　無記名投票を行う条件は、あらかじめ会議で決めておく必要があります。本規則では特に基準は設けていないので、本規則を採用する会議の状況に応じて自由に決めていただいてかまいません。

　ただし、無記名投票の対象となる審議は、遅くとも採決期間開始の宣

言までに周知されている必要があります。もし周知されないまま投票が始まってしまったら、無記名投票となる条件を満たしていたとしても、記名投票を行うことになります。

---

[1] 2019/08/04 15:00:28　投稿者：Ａ委員
【議案】
無記名投票の条件に「委員を補充する場合」を追加する
【議案の主旨】
先日の議案で委員を１名増員することが決定しました。
具体的に誰を採用するかは会議により決定しますが、今後仲間として付き合っていく人の選定作業になりますので、誰が賛成・反対したかという情報は見えないほうがよいでしょう。
したがって、委員を補充する際の審議は無記名投票とすることを提案します。

---

　なお、無記名投票の条件はあとから変更してもかまいませんが、すでに開始された採決、およびすでに終了した採決にまでさかのぼって変更することはできません。条件が変わったとしても、採決開始時点で記名投票だった採決は変更後も記名投票で、無記名投票だった採決は無記名投票のままということです。

## 02 投票理由

投票は自らの意思で行わなくてはなりません。他人に判断をゆだねてはならず、また、他人に特定の投票行動を強制してもなりません。

賛否を決めた理由は基本的に説明する必要はありませんが、討論において一切発言せず投票だけを行った場合は例外です。討論を行うことも委員としての責務の1つなので、討論に参加しなかったにもかかわらず投票だけを行った場合は、どのような判断によって投票行動を決めたのかを説明しなくてはならないことになっています。

---

[33] 2019/04/14 20:27:31　投稿者：H委員
体調をくずしていたため討論にまったく参加できず申し訳ありませんでした。ようやく回復したので討論の内容を読み返しました。
結果、現状では年会費を増やす必要性までは感じられず、出費の節制などで対応すべきと判断しました。したがって、申し訳ないですがこの議案には反対とさせていただきます。

---

なお、これは「討論で発言した人は投票理由を説明してはならない」ということではありません。あくまでも説明の義務がないというだけであり、自主的に説明することは禁止されていません。本人の判断にゆだねるということです。

# 03 投票箱の設置

本規則はインターネットを介した会議を前提としたものなので、投票もオンラインで行うことを前提としています。そのため、投票箱もオンライン上に設置し、投票を行う参加者が採決期間中に常時アクセスできるようにしなくてはなりません。本規則では、この投票箱を「**電子投票箱**」と呼んでいます。

本規則では、採決期間中に投票状況が確認できる形式の電子投票箱を使うことになっています。つまり、誰かが投票するたびに表示されている票数が増えていき、投票先ごとに現在の票数がわかる形式ということです。

---

**【投票】2020 年から年会費を 1,000 円増額する**

☐ 賛成　　☐ 反対　　☐ 棄権　　　　　　　　　　 送信

賛成（2）A委員　B委員
反対（5）C委員　D委員　E委員　F委員　H委員
棄権（1）G委員

---

※記名式投票で使う投票箱の一例。必ずしもこの形式である必要はなく、機能を満たしていればどのようなものでもよい。

ただし、場合によっては採決期間終了まで投票状況がわからないほうがよい場合もあるでしょうから、無記名投票の規定と同じく、あらかじめ条件を定めておくことで投票状況のわからない電子投票箱へ変更でき

ます。

　なお、電子投票箱は必ずしも専用のシステムを用意する必要はありません。たとえば、討論で使う掲示板を投票箱として代用することもできます。

---

[1] 2019/04/13　08:53:25　　投稿者：議長
「2020 年から年会費を 1,000 円増額する」の採決を行います。
このトピックに賛否を記入してください。

---

[2] 2019/04/13　10:16:37　　投稿者：C 委員
反対します。

---

[3] 2019/04/13　11:36:54　　投稿者：A 委員
賛成。

---

[4] 2019/04/13　12:11:20　　投稿者：G 委員
判断がつかないので棄権させてください。

---

　要は、本規則に則って投票ができるのであれば、システムはどのようなものでもかまわないということです。

## 04 採決期間

　採決は期間を決めて行います。採決期間は原則として「7日後の当日いっぱいまで」とし、採決開始が宣言された時点から時計が動き始めたものとします。

　なお、原則の採決期間が「7日後」ではなく「7日後の当日いっぱいまで」なのは、日付のわかりやすさを考慮したことによるものです。たとえば採決開始が宣言されたのが6月12日の18時13分ならば、採決期間は「6月19日の18時13分まで」ではなく、「6月19日いっぱい」となります。

　投票ができるのは採決期間中だけですが、討論期間が終わってから議長が採決開始を宣言するまでに、若干のタイムラグが生じる場合があります。本規則では、この間に先行して投票が行われた場合も有効な投票として扱うものとしています。ただし、採決期間終了後の投票は認めていません。また、原則として2日間が経過しても議長が採決開始の宣言を行わない場合、委員が代理で宣言を行ってもよいものとしています。

　採決期間は討論期間と異なり、**最短期間と最長期間の定めはありません**。すべての採決において、採決期間は同一となります。ただし、採決の場合は全員が投票すればそれで終わりなので、その時点で採決期間も終了することになっています。全員が速やかに投票すれば、そのぶん採決期間は短くて済むということです。

# 05 採決結果の宣言

　採決結果は、**結果が決まった時点**で議長が票数とともに宣言しなくてはなりません。そして、もし可決であれば、宣言の時点から議案は有効な決議事項として扱われることになります。

　また、投票状況が確認できる電子投票箱を使っている場合は、採決期間の途中であっても結果が決まった時点で宣言を行うことになっています。たとえば、総票数（議長を含む）が９票の会議で可決ラインが過半数ならば、賛成・反対のいずれかが５票に達すれば採否は決まります。したがって、たとえ採決期間中であったとしてもその時点で結果の宣言を行うことになります。

　なお、採決開始の宣言と同じく、原則として２日間が経過しても議長が宣言を行わない場合は、委員が代理で宣言することができます。

---

[18] 2019/05/23　16:15:34　　投稿者：議長

採決期間の途中ですが、すでに賛成が過半数となっています。

現在の票数は、賛成５票、反対１票、棄権０票です。

よって、現時点をもって本議案の可決を宣言します。

未投票の委員は引き続き投票をお願いします。

そのほかの委員は、可決した議案に沿って行動してください。

---

採決期間が終了したら、議長は票数と各投票者の投票先を取りまとめ、最終結果として報告しなくてはなりません。これは、採決期間中に結果の宣言を行っていた場合でも同じです。

---

[19] 2019/05/25　20:21:09　　投稿者：議長

最終結果を報告します。

本議案は可決しました。内訳は下記の通りです。


賛成6票：A委員、C委員、D委員、E委員、F委員、H委員

反対1票：B委員

棄権1票：G委員

不投票　：議長のみ

---

　なお、無記名投票による採決の場合は各投票者の投票先を開示する必要はなく、票数のみを報告すれば問題ありません。

## 投票先の変更

　本規則では、採決結果の宣言が行われる前であれば投票先を変更することができます。ただし、その場合は変更する理由を述べなくてはなりません。

　本規則が投票先の変更を可能としているのは、動議や差戻しの採決など、討論期間を設けない代わりに採決期間中に意見を述べることのできる手続きを導入しているためです。投票を済ませたあとにほかの委員の意見を読み、投票行動を翻す必要性が出てきた場合を想定しています。

ただし、投票先を変更できるからといって「とりあえず投票してから考える」のような態度で臨むのは、余計な混乱と批判を浴びる可能性があるのでやめたほうがよいでしょう。

　投票先の変更は、どうしても必要なときだけ利用することを強く推奨しておきます。


　なお、採決結果の宣言が行われると議案の採否が決まるので、結果の宣言後はたとえまだ採決期間が残っていたとしても投票先は変更できません。

　投票先変更の規定があるとはいえ、あらかじめ熟慮したうえで投票を行うようにしてください。

## 06 賛否形式の採決

では、ここからは採決形式ごとの規定を見ていきましょう。まずはわかりやすい「賛否形式」の採決からです。

賛否形式の採決は、**「賛成」「反対」「棄権」のいずれかを選択する投票形式**です。おそらく一般的に「投票」というと、この形式を思い浮かべるのではないでしょうか。

委員は1回の投票において1票を投じる権利を持ちます。この投票権を行使して議案への賛否を表明しますが、議案に対して部分的な賛成や部分的な反対を表明することはできません。賛成票を投じた場合、議案の内容にすべて賛成したものとみなされます。

ただし、逆に議案に反対することは、議案の内容にすべて反対することを意味するものではありません。「大部分は賛成だが一部賛成できない部分がある」という理由で反対することもあり得ます。

基本的には議案の内容にすべて賛成の場合のみ賛成票を投じ、そうでない場合は反対票を投じるものと考えてください。もちろん、それを承知のうえで納得できない案に賛成を投じることもあるかもしれませんが、そのあたりも含めて本人の判断になります。

なお、採決期間が終わっても投票を行わなかった場合、その票は「不投票」として扱います。

# 可決ライン

可決ラインとは、採決において「この票数を獲得すれば可決」となる基準を表すものです。賛否形式の採決における可決ラインは「**過半数**」または「**3分の2以上**」のいずれかとし、特に規定がない限りは「過半数」が適用されます。たとえば、審議の章で解説した「動議」は過半数、「差戻し」は3分の2以上が可決ラインとなっています。

「過半数による可決」とは、**賛成票が反対票を1票以上上回った状態**を指します。間違えやすいのですが、賛否同数は「半数」であり「過半数」ではありません。よって、賛否同数は否決として扱います。なお、可決ラインは棄権および不投票を考慮せず、賛成票と反対票のみを比べて判断してください。

一方で「3分の2以上」による可決とは、賛成票が、賛成と反対を合計した票数の3分の2に達した状態を指します。こちらは3分の2『以上』なので、3分の2ちょうどの場合も含むことにご注意ください。たとえば、総票数が9票であれば6票以上で可決となり、11票ならば11×（2/3）＝7.33333……なので、8票以上で可決ということです。

なお、議長は採決に参加しないのですが、後述する「決定投票」によって投票を行うことができます。そのため、可決ラインを考える場合は議長も総票数に含めます。

可決ラインは少しわかりにくい話になるので、いくつか例を用意しました。とはいえ下記のように順を追って計算していけば、過半数・3分の2以上いずれの場合も可決ラインを算出することができます。

例1

| 可決ライン | 過半数 |
|---|---|
| 総票数 | 9票 |
| 投票結果 | 賛成4票、反対3票、棄権1票、不投票1票 |

総票数に対する可決ラインは5票ですが、投票結果には棄権1票と不投票が
1票あり、この2票が計算から除外されます。

残り7票の過半数なので可決ラインは4票となり、例1は賛成票が可決ライ
ンちょうどで可決となります。

例2

| 可決ライン | 過半数 |
|---|---|
| 総票数 | 15票 |
| 投票結果 | 賛成6票、反対6票、棄権3票、不投票0票 |

総票数に対する可決ラインは8票ですが、投票結果の棄権3票が除かれるた
め、実際の可決ラインは残り12票の過半数である7票となります。賛否同
数は過半数ではないため、例2は賛成票が可決ラインに届かず否決となりま
す。

例3

| 可決ライン | 3分の2以上 |
|---|---|
| 総票数 | 9票 |
| 投票結果 | 賛成5票、反対3票、棄権1票、不投票0票 |

総票数に対する可決ラインは9票×2/3で6票です。投票結果の棄権1票を
除くと可決ラインは残り8票×2/3で5.33333......となりますが、小数の
投票はできないので結局は6票が必要です。例3は賛成が5票しかないため
可決ラインに届かず、否決となります。

例4

| 可決ライン | 3分の2以上 |
|---|---|
| 総票数 | 10票 |
| 投票結果 | 賛成6票、反対3票、棄権0票、不投票1票 |

総票数に対する可決ラインは10票の3分の2で6.66666……となり7票ですが、不投票1票を除いて考えると残り9票なので、その3分の2である6票で可決できます。例4は賛成が6票なので可決ラインに届いており、可決となります。

　なお、上記の例では規則通りの計算を行うため回りくどい書き方をしていますが、過半数の場合は単純に「賛成票が反対票よりも多い場合は可決」と覚えておけば間違いありません。

## 決定投票

　可決ラインの説明で少しふれましたが、議長は採決に参加しません。代わりに「**決定投票**」と呼ばれる特殊な投票を行います。

　議長は議事進行を行う役割であると同時に、会議を代表する立場でもあります。第2章では「議長はくじ引きで決めてもいい」と書きましたが、やはり組織の中でもっとも立場が上の人物が議長を担うことが多くなるでしょう。そのため、議長が賛否を表明すると、委員の投票行動がそれに影響されてしまう可能性があるのです。
　審議の章で、議長は「討論には参加しないが、委員から要請があった場合は意見を述べることができる」と説明しましたが、これも決定投票と同じ理由によるものです。
　ただし、議長も審議において（要請に応じて）討論に参加する立場ですから、投票の機会は与えられています。それが「決定投票」の権利と

いうことになります。

決定投票は、委員による投票が完了した時点での票数が、「**議長の投票により可決・否決が変わり得る状態**」の場合に発生します。

たとえば、可決ラインが過半数の採決で委員の投票結果が賛否同数だったとしましょう。この場合、このままであれば議案は「否決」となります。しかし、決定投票で議長が賛成に投票すると、賛成票が反対票を上回って採決結果は可決となるのです。つまり、議長の決定投票によって採決の結論が変わることになりました。このような場合に議長は「決定投票」を行うことができます。

同様に、賛成票が反対票より1票多い状態（このままならば可決）についても、決定投票で議長が反対すれば、賛否同数となって結論が可決から否決に変わり得ます。したがって、この場合も決定投票が発生することになるのです。

つまり、「議長の投票により採決結果が変わる場合は決定投票を行う。議長が投票しても結果が変わらない場合は投票しない」ということです。この仕組みによって、議長は委員の投票行動に影響を与えずに意思決定の機会を得ることができるようになっています。

なお、可決ラインが3分の2以上の場合でも考え方は同じです。ただし、「3分の2」の計算結果が小数になった場合は、小数点以下を切り上げた数字を可決ラインとして考えてください。

たとえば総票数が11票ならば $11 \times (2/3) = 7.33333……$ なので、8票が可決ラインです。また、こちらは3分の2『以上』なので、賛否同数が否決だった過半数の場合と異なり、3分の2ちょうどは可決であることに注意してください。

| 可決ライン | 委員の投票結果 | 決定投票 |
|---|---|---|
| 過半数 | 賛成が反対より１票多い<br>※現状は可決、ただし議長が反対すれば否決になる | ○ |
| | 賛成と反対が同数<br>※現状は否決、ただし議長が賛成すれば可決になる | ○ |
| | 賛成が反対より１票少ない<br>※現状は否決、議長が賛成しても賛否同数なので否決のまま | × |
| ３分の２以上 | 賛成が可決ラインより１票多い<br>※現状は可決、議長が反対しても可決のまま | × |
| | 賛成が可決ラインちょうど<br>※現状は可決、ただし議長が反対すると否決になる | ○ |
| | 賛成が可決ラインより１票少ない<br>※現状は否決、ただし議長が賛成すると可決になる | ○ |

## 07 選出形式の採決

　本規則ではもう１つ、「選出形式」の採決も規定しています。これは列挙された複数の候補（以降、「選出対象」と呼びます）の中から**採用するにふさわしいと判断したものだけを選出する投票方法**で、２種類の手続きを組み合わせて採決を行います。

　２種類の手続きとは、まず賛否形式の採決と同じ手順で議案自体の採否を決め、その後、議案が可決した場合に限り選出対象の絞り込みを行うことを指します。

　この採決形式はやや複雑なため、実際に見ていただいたほうがわかりやすいと思いますので、さっそく例を見てみましょう。

　今回の例では、団体のオリジナルグッズを作りたいと考えた委員会が、多数ある候補から３つに絞って作成を実行しようとしています。このような場合に「選出形式」の採決が役立ちます。

　なお、「２種類の手続き」と言っていますが、これらの手続きは同一の採決期間中に２つ同時に実施しなくてはなりません。１つの採決で実施する作業が２種類あるだけで、別々に採決するものではないことに注意してください。

[1] 2019/06/17　11:18:22　　投稿者：Ａ委員

下記の議案を提出します。

【議案】

当団体のオリジナルグッズを作る。作成数は予算の都合から３種類とし、下記の候補から選ぶ。

(A)ボールペン　(B)サインペン　(C)ピンバッジ　(D)カレンダー

(E)ステッカー　(F)コースター　(G)Ｔシャツ

【議案の主旨】

以前から協議で話していましたが、上記の７つについて見積もりをとることができました。

見積もり結果は添付ファイルを参照していただきたいのですが、予算の都合上、作成対象は３種類となります。

　この例では７つの候補から３つを絞り込むことになりました。選出形式の採決では、議案提出の時点で選出枠を定義しておきます。今回はこの「３」が選出枠です。

　ここからは賛同者を募って討論を行うことになりますが、そのあたりの流れは賛否形式の議案での審議と同じです。ただし、選出形式の採決では、議案自体の採否について討論するのと同時に、選出対象の是非についても討論が行われることになります。

　賛同者の手続き等は賛否形式の採決と同じなので割愛し、実際の討論を少し見てみましょう。

[7] 2019/06/19 18:22:45　投稿者：B委員
候補にTシャツがありますが、サイズはどうしますか？
複数のサイズを用意するならば見積もりも変わってくるのでは？

---

[8] 2019/06/19 21:43:20　投稿者：A委員
Tシャツは「フリーサイズ」として1サイズだけ作る想定で見積もりを
とっています。女性には大きいかもしれませんが、インナーとして着る
想定でもないので大丈夫でしょう。

---

[9] 2019/06/19 22:07:12　投稿者：D委員
私はグッズを作ること自体に懐疑的です。あまりこれに予算を使っても
仕方がないと思うからです。議案自体に反対するつもりですが、もし可
決するなら選出対象は安いものから順に選びます。

---

[10] 2019/06/19 22:48:27　投稿者：H委員
グッズを作ること自体には賛成なのですが、正直ちょっと、候補がイマ
イチかなあと思っています。

　このように、選出形式の採決を行う審議では、議案自体の是非を問う
意見と選出対象に対する意見が同時に討論されます。とはいえ、討論の
規則自体は賛否形式の場合と変わりませんので、肝心の「採決」まで時
計を進めてみましょう。

[27] 2019/06/25 20:31:40　投稿者：議長
討論期間が終了しましたので採決に入りますが、この審議は「選出形式」
の採決を行いますのでご注意ください。

選出形式の採決は２種類の投票を行います。
まず１つめは、通常と同じようにこの議案自体に対する賛否を投票して
ください。２つめは、７つのグッズ候補の中から作りたいと考える３つ
の候補を選択してください。
議案自体が可決した場合、得票数の高い順に３つのグッズを作ることが
承認されたものとみなします。

採決期間は７月２日いっぱいまでとなります。

　前述の通り、選出形式の採決では２種類の投票を同時に行います。ま
ずは賛否形式の採決と同じく、議案自体への賛否を賛成・反対・棄権のい
ずれかに投票することで示します。
　グッズを作ること自体に反対するならばここで反対票を投じることに
なりますが、ほかにも、たとえば「グッズを作ることには賛成だが、選
出対象によいものがない」という理由で反対票を投じてもかまいません。

　さて、審議の例に戻りましょう。全員が投票し終わった結果、選出さ
れる３つの候補が決まったようです。

[30] 2019/07/03 19:59:42　投稿者：議長
採決期間が終了したので結果を宣言します。
賛成：6票、反対：1票、棄権：1票、不投票：議長のみ
よって本議案は可決しました。


続いて選出対象への投票結果です。
(A)ボールペン　8票　　(B)サインペン　2票　　(C)ピンバッジ　5票
(D)カレンダー　6票　　(E)ステッカー　2票　　(F)コースター　3票
(G)Tシャツ　0票
よって選出されたのは　(A)ボールペン　(C)ピンバッジ　(D)カレンダー
の3つとなりました。

（※本来は投票行動の内訳も記載するが、この例では省略）

　この例では、まず議案自体の採否が賛成多数で可決となりました。そのため、選出対象の絞り込みが有効となっています。

　議案自体の採否に対しては、議長は賛否形式の投票と同様に決定投票権のみを持ちます。そのため、決定投票が発生しない状況では投票を行いません。この例では決定投票が発生しなかったので、議長は不投票となっています。


　一方で、選出対象の絞り込みには決定投票の仕組みがなく、議長も委員と同様の形式で投票を行うことになります。つまり、議長は採決期間において「選出対象の絞り込み」のみ投票する必要があるということです。その後、もし決定投票が発生した場合は、改めて議案自体の採否に対する決定投票を行います。

さて、選出対象への投票ですが、投票された票数をすべて足すと26票にしかなりません。この委員会は議長も含め9人の投票者がいるため、選出枠が3ならば総票数は27票になるはずです。この例では誰か1人が2票しか投票しなかったことになりますが、その1票は棄権とみなして投票完了となります。

今回の例では、絞り込みの結果が上位となった3つの候補が選出されました。なお、選出対象の絞り込みには決定投票がないため、得票数が同数の候補が発生する可能性もあります。その場合は、原則として「議長によるくじ引き」によって順位を決めることになっています。

ただし、これは本規則が原則として採用している「**完全連記制**」によって選出対象の絞り込みを行った場合の話です。原則を変更して完全連記制以外の投票方式を使う場合で、かつ同数の扱いが投票方式によって定められている場合は、投票方式の規定を優先してください。

## 完全連記制について

選出対象の絞り込みにおける採決は、原則として「**完全連記制**」により投票を行います。完全連記制の投票とは、簡単に言うと選出枠の数だけ投票を行える投票方式です。ただし、同じ候補に複数投票することはできません。

今回は選出枠が3なので、委員は3つの候補に1票ずつ投票することになります。簡単に言うと「7つの選択肢からよいと思う3つに○をつけよ」ということです。

第4章　採決

```
┌─────────────────────────────────────────────┐
│                                             │
│           オリジナルグッズ作成候補              │
│                                             │
│      （選出したい３つの候補を選択してください）      │
│                                             │
│   ┌──────┬──────────────────────────┐      │
│   │  ☑   │  (A)  ボールペン          │      │
│   ├──────┼──────────────────────────┤      │
│   │  ☑   │  (B)  サインペン          │      │
│   ├──────┼──────────────────────────┤      │
│   │  ☐   │  (C)  ピンバッジ          │      │
│   ├──────┼──────────────────────────┤      │
│   │  ☑   │  (D)  カレンダー          │      │
│   ├──────┼──────────────────────────┤      │
│   │  ☐   │  (E)  ステッカー          │      │
│   ├──────┼──────────────────────────┤      │
│   │  ☐   │  (F)  コースター          │      │
│   ├──────┼──────────────────────────┤      │
│   │  ☐   │  (G)  Ｔシャツ            │      │
│   └──────┴──────────────────────────┘      │
│                                             │
│                ┌────────┐                    │
│                │  送信  │                    │
│                └────────┘                    │
│                                             │
└─────────────────────────────────────────────┘
```

※完全連記制で使う投票箱の例
列挙された候補の中から、今回の例では３つまで選ぶことができる

　完全連記制は必ずしもすべての票を使い切らなくてはならないという
ことではありません。気に入った候補が２つしかなければ、２票分だけ
投票して、残りの１票は棄権という扱いにすることもできます。

　このあたりは本規則というよりも完全連記制の規則になりますので、
投票方式に興味のある方は各自調べてみてください。ここでは、最低限
必要な規則のみを紹介しておきます。

＜完全連記制の概要＞

- 選出対象に対し、選出枠の数だけ投票を行う。
- 投票者は選出枠の数だけ票を保有する。
- 同一の候補に複数の票を与えることはできない。
- 賛否形式の投票のように各候補に対して賛否をつけることはできない。
- 投票者は、すべての票を使い切らなくてもよい。残った票は棄権とみなされる。
- 投票に優先順や比重はなく、すべての投票は同じ1票として集計される。

# コラム　あいまいなルールが会議を破綻させる

　これは、本規則のようなしっかりとした議事法が導入されていなかった委員会での話です。ある日、委員会に下記のような議案が提出されました。

「イベントの演出内容は、すべて委員会の審議を経て決定する」

　この議案自体は特におかしくはありません。イベントに盛り込む演出内容を1つひとつ委員会で審議することを求めたもので、意見が割れることはあっても、話がまとまらないような内容には見えませんでした。しかし、予想に反して審議は紛糾し、最終的には審議不能となって破綻してしまったのです。

　この話には前段があります。イベントで演出担当をしていた委員は当初、「イベントの演出内容は自分に一任してほしい」「このイベントは自分なりの演出がしたいんだ」とかなり強く主張していました。しかし、内容に不備があればいわゆる「炎上」が発生して組織自体が批判される恐れもあることから、ほかの委員は完全なフリーハンドを与えることには反対していました。

　そこで演出担当が提出したのがこの議案です。議案の内容は、演出担当が求める「自分への一任」とは真逆のものでした。そして、議案提出者である演出担当自身がこの議案への反対意見を述べ始めたのです。

　演出担当は、表向きは「この議案が成立するならば会議の決定に従っ

て一任はあきらめる」と言っていました。しかし、裏では下記のような展開を狙っていたようです。

① この議案が否決されれば、演出内容は委員会の審議を経ることができなくなる。
② 委員会で審議ができないのだから、演出担当である自分が内容を決めるしかない。
③ つまり、自分に一任されたのと同じ結果となる。

　本規則では、自分が提出した議案に反対することを禁止しています。また、議案が否決されたとしてもその逆が肯定されたことは意味しません。しかし、この委員会には本規則のような詳細な議事法がなかったため、議案の否決が何を意味するかということすらあいまいなまま審議が進んでしまいました。

　討論中、この議案は反対意見が多数となっていきます。しかし、反対意見の多くは「細かい内容まですべて審議していたら間に合わない」や「提出者自身が反対している議案に賛成などできない」と言ったものまでさまざまで、少なくとも演出担当に一任することを意図して反対に回っている人はいませんでした。
　演出担当が狙っていたのはまさにこの状況です。採決で賛成票を投じてくれるのは、議案に賛成する人だけです。しかし、反対票は「議案の逆に賛成」という人だけではなく、議案に不備があると感じた人や、議案提出者の説明に疑義を感じた人も投じてくれます。つまり、賛成票を過半数集めるよりも反対票を集めるほうがはるかに簡単なのです。
　演出担当は当初から過半数の賛成は得られそうもないと見込んでおり、知恵を働かせてこのような戦略に打って出たのでしょう。議事法の定まっていない会議だからこそできたことです。

とはいえ、最終的には、自分が提出した議案と真逆の主張を続ける議案提出者に不信感を抱く委員が増えていき、「議案が否決されても演出担当に内容を一任したことにはならない」という方針が確認されるに至りました。それを聞いた演出担当は、イベント自体を放棄して会議からも去ってしまったのです。

　この件では、演出担当の目論見は成立しませんでした。しかし、委員はイベント前の忙しい時期にムダな時間を割くことになり、しかも演出担当が辞任するという事態にも見舞われ、本来であればする必要のない努力をしいられたことも事実です。
　もし、最初から本規則のような議事法が整備されていれば、ムダな労力を割く必要もなかったことでしょう。まさに、会議における「議事法」の重要性を示す一件といえます。

第4章　採決

123

# 第 5 章

# 協議と報告

## 01 協議とは

・・・・・・・・・・・・・・・・・・・・・・・・・・・・・・・・・

　ここからは「協議」と「報告」について説明していきます。まずは「協議」ですが、これは審議とは異なる形で議論をするために用意された仕組みで、審議とともに会議での重要な意見交換の場となります。とはいっても、協議は審議ほど複雑ではありません。

　協議とは、**議案や期間を定めずに行われる話し合いの全般**を指します。たとえば、議案提出前に事前相談を行ってほかの委員の反応を確かめる場合や、あるいは調査案件の進捗具合を雑談レベルで確認する場合など、それらすべてを「協議」として扱います。
　また、協議では議事進行も行いません。審議が厳格な手続きをふむ前提の構成となっているのに対し、協議は気軽に話し合いをすることを前提とした構成となっています。

　そのため、協議は何を話してもよいと思われがちなのですが、あくまでも**協議は会議の一部**であり、後述する「禁止事項」の章で規定された内容が適用されます。また、協議における発言も懲罰の対象となりますのでご注意ください。

## 02 協議の構成

協議は議長または委員が開始できます。審議の場合は議案の提出がスタート地点だったため、議長が開始することはできませんでした。しかし、協議は議事進行を行わない前提の手続きなので、議長も委員と同じ立場で話し合いに参加することができるのです。

ただし、監査人は協議においても監査を行うため話し合いには参加しません。また、有識者は専門的な知識を必要とする審議においてのみ招集されることになっているので、協議自体に参加しないことになります。

---

[1] 2019/07/11 18:05:41 投稿者：議長
議長より、顧問税理士の変更について協議させてください。
現在顧問税理士を務めていただいている山田先生ですが、先日より体調をくずされているそうです。年齢的なこともあってそろそろ引退を考えたいとご本人から相談がありました。
つきましては、新たな顧問税理士を探さなくてはならないのですが、誰か見積もりに動けますか？

---

[2] 2019/07/11 20:13:18 投稿者：Ａ委員
山田先生のお知り合いを紹介してもらうことはできないのでしょうか？
引継ぎもあるし、そのほうが早い気がします。
または私が以前お世話になった税理士事務所であれば見積もりがとれると思いますが、あたってみましょうか？

協議は話の主題を決めて話し合いを行います。主題といっても議案のようにきちんとしたものである必要はなく、たとえば、「来週のイベントの件で相談」や「イベントでの拾得物について」のように、話し合う内容の大枠さえ伝わればよいことになっています。今回の例は「顧問税理士の変更について」が主題となります。

協議は賛同者も必要としません。議長による討論開始の宣言も行わないので、議長または委員が協議を始めたいと言えばそのまま話し合い開始となり、終了したいと言えば終了となります。

---

[23] 2019/07/21　20:08:24　　投稿者:議長
みなさんご意見いただきありがとうございました。
Ａ委員が新たな税理士さんから見積もりをもらってきてくれたので、まずはこの内容で契約するための検討を行いたいと思います。
あとはＡ委員が提案する議案をもとに審議を行いますので、この協議はこれで終了とさせていただきます。

---

なお、終了の宣言がないまま誰も発言しなくなった協議は、原則として30日間が経過した時点で自動的に終了となります。

## 03 協議の再開と再協議

　終了した協議で扱っていた主題をふたたび扱う場合は、終了した協議を復活させて使うのではなく、新たな協議を始めなくてはなりません。このようにしないと古い話と新しい話がつながってしまい、あとで見たときに話の流れがわからなくなる可能性があるからです。

　以前と同じ主題で新たな協議を始める場合、開始する人物は以前の協議を始めた人物とは異なっていてもかまいません。なお、協議には採決や廃案という概念がないため、一事不再議の規則にも影響を受けないことになります。

[1] 2019/07/30　22:15:35　　投稿者：Ａ委員
顧問税理士変更の件について、再協議を行います。

先日の税理士さんは、見積もり内容がこちらの要望に合わなかったため議案が否決となってしまいました。そのため、また別の候補を探さなくてはなりません。
誰か動ける人がいたらお願いします。私はもうあてがないので動かないことにします。

# 04 審議との区別

協議は自由度の高い話し合いを認めていますが、逆に言うと、ルールに則った討論が行われないということでもあります。

そのため、**協議の期間は審議の討論期間に算入してはならないこと**になっています。また、そもそも協議と審議は明確に区別したうえで実施されなくてはなりません。

協議のよいところは気軽に発言ができるところです。何か物事を決めるときにあまり気軽に発言するのは考えものですが、協議は最初から物事を決める場ではないと宣言していますので、気軽に（もちろん本規則に反しない範囲で）発言して問題ありません。

ただし、気軽に発言できるがゆえに、協議で他人が発言した内容を審議に持ち込むことは禁止しています。協議で気軽に発言した内容を持ち出して「あなたはこのように発言したでしょう」と咎めるのは、相手をやり込めるには有効かもしれませんが、討論としては意味がありません。もちろん、自分の発言を自分で引用するのは自由です。

## 協議における採決

協議には採決がありません。というより、本規則では審議での討論を経ずに採決を行うことを明確に禁止しています。

くり返しになりますが、協議は自由度の高い話し合いを認める代わりに、ルールに沿った討論を保証していません。このような状況で採決を

行うことはあとになって混乱が生じる原因となりますので、本規則では禁止となっています。

なお、採決は禁止ですが、協議においてアンケート等を実施することは問題ありません。あくまでも協議だけで物事を決めてはならないということであり、協議において意思確認をするだけならばかまわないということです。

---

[9] 2019/07/31　10:16:29　投稿者：B委員

顧問税理士変更の件、アンケートをとらせてください。

それ次第で、どこに見積もり依頼を出すか決めたいと思います。

a）月額５万円以内の予算を厳守して、その範囲で探す

b）予算を上乗せして探す範囲を広げる

どちらか選択をお願いします。

または、別の案がある人はご意見ください。

---

## 05 報告とは

報告は、会議において審議・協議と同じくらい重要な手続きの1つですが、規則としてはとても簡単です。読んで字のごとくですが、会議の参加者がほかの参加者に対し、何か「報告」を行う際に使う手続きとなります。

協議との違いは、**報告はあくまでも情報共有の手段**であり、議論のための手段ではないということです。そのため、ほかの委員から意見が出ることを前提とした協議や審議とは異なり、報告には期間の概念がありません。報告者が一度発言したら、それですべての手続きは終わりです。

また、報告は会議の参加者であれば誰でも行っていいことになっています。たとえば、本来は発言が禁止されている監査人や、審議において意見を求められた場合のみ発言できる有識者であったとしても、自らの意思で「報告」を行ってかまいません。

なお、ときには他人の報告に対して意見を述べたくなることもあるでしょう。「報告」は議論を行う仕組みを持っていないため、もし報告の内容に対して議論が必要となったら、別途協議や審議を始めないといけないことになっています。

このようにいうと、報告はなくてもよい手続きのようにも思えますが、実際の会議ではこの「報告」が重用されます。たとえば、次のようなものはすべて「報告」にあたります。

[1] 2019/02/13 00:19:02 　投稿者：D委員
申し訳ないのですが、インフルエンザにかかってしまいました。
本日からしばらくアクセス頻度が下がります。
おそらくまったくアクセスできない日もあるかと思います。
討論や投票に参加できない場合、棄権として扱ってください。

[1] 2019/03/09 20:13:15 　投稿者：議長
明日から１週間、海外出張のため不在となります。
代行の規定に従ってA委員に議長代行をお願いしますので、よろしくお
願いします。

[1] 2019/03/10 15:57:23 　投稿者：B委員
公式サイトの掲示板に、詐欺サイトへ誘導する宣伝が書かれていたため
削除しました。
ご報告まで。

　このように、会議において周知しておきたいことがある場合に「報告」
を使います。報告には決まった書式もありませんので、おそらく自然に
使えるでしょう。
　ただし、報告も会議の一部であり、内容によっては懲罰の対象となる
可能性があるという点には気をつけてください。

第５章　協議と報告

133

# コラム

## 「雑談」の功罪

　オンライン会議室にはさまざまなトピックが立てられます。本規則では議案または協議の主題が1つのトピックになりますが、本規則が適用されていない会議では、「雑談」という汎用的なトピックでいろいろな事項を処理していくことがありました。

　この「雑談」トピックはタイトル通り雑談を行うためのもので、特に話題を制限していません。そのため、「新規トピックを立てるほどの話題でもない」と判断した委員が雑談トピックに協議事項を投稿し、ほかの委員もそのまま雑談トピックで返信するという使い方が増えていってしまいました。

　雑談トピックにはさまざまな話題が入り混じります。古い話題はすぐに発言が流れていってしまい、あとになって探し出すのが容易ではありません。これが本当に「雑談」であれば流れてしまっても特に困ることはないのですが、そこに協議や審議で扱うべき話題を持ち込まれると話が変わります。あとになって「あの話題はどこかで話し合ったはずだが、当時の投稿が見つからない」という事態になりかねないのです。

　本規則では、「雑談」という協議トピックを立てること自体は特に禁止していません。しかし、代わりに「主題を定めて話し合う」と定めています。

　もし「雑談」という協議を始めたなら、そこでは本当に雑談だけを話題としましょう。新規に協議を始めるのが面倒だからといって別の協議事項まで「雑談」で済ませようとすると、あとでもっと面倒な事態になります。

# 第6章

## 監査

# 01 監査の構成

　本規則では、会議が規則に沿って正しく進行していることを担保するため、会議には必ず「監査人」を参加させることを義務づけています。

　監査人の役割はその名の通り「監査」であり、議長や委員の発言や手続きを定期的に監視し、もし**規則に反する行為があった場合はそれを指摘して是正を促す役割**を担います。

　監査とは、会議が本規則に則って適切に進行されていることを保証するため、監査人が会議の内容を監督し検査することを指します。監査が行われることで、議長や委員は正しい手続きの下で会議を進めることができ、あとになって手続きの不備によりもめ事が発生する事態を避けることができるのです。

　監査人は会議を監視し、違反行為を見つけたら指摘を行います。ただし、監査人にできるのはあくまでも「指摘」までであり、監査人の権限によって審議の変更や採決の無効化ができるわけではないことに注意してください。違反行為の訂正は、あくまでも議長や委員が行うことになります。また、監査人の権限で懲罰を科すこともできません。

[4] 2019/03/22 02:07:21　　投稿者：監査人
監査人より指摘します。

本議案はすでに「議案提出者を除いた委員の２割以上」が賛同を表明し
ていますが、３日経過しても討論開始が宣言されていません。
議長は賛同者が必要数に達したら討論開始を宣言することになっていま
すので、速やかに対応をお願いします。

もしくは、議長が２日間以上討論開始の宣言を行わない場合は委員が代
理で宣言できることになっており、すでにこの条件も満たしています。

監査人の権限で討論を開始することはできないため、誰か対応していた
だけるよう指摘します。

## 02 監査結果の告知

　会議の進行に問題が見受けられた場合、監査人は会議に対して問題点を指摘しなくてはなりません。なお、指摘の方法は下記3つに限定されています。

① 会議の場において監査人が自ら発言し、問題点を説明すること。
② 議長に書面または電子文書を送付することにより、問題点を説明すること。
③ 参加者の全員または一部のみに対して監査人が個別に連絡をとり、問題点を説明すること。

　もっとも代表的なものは①で、前述の例でも紹介した通り、監査人が直接会議で発言することにより問題点の説明を行います。この方法は会議の参加者に問題点が即座に伝わり、監査人が自分の言葉で説明できるため、もっとも使いやすい方法でもあります。

　ただし、監査人が発言すると討論の流れが途切れてしまうことがあります。違反の内容が軽微で、討論を止めてまで指摘するほどではない場合、監査人は②の方法で議長に連絡をとり、討論の区切りのいいところで議長から周知してもらう方法も採ることができます。

　もう1つの方法である③は、通常はあまり採用されることがありません。この方法は監査人から会議の参加者に直接連絡をとる方法で、会議の場では説明できない場合、つまり特定の参加者に聞かれてはならない内容を指摘する場合に使います。

第6章　監査

> 議長および委員各位
>
> 監査人です。直接の電子メールで失礼します。
>
> 先日より討論を拝見していますが、F委員の発言内容が、禁止行為
> の1つである「個人への批判の禁止」にあたるところまできている
> ように思います。
> ほかの委員は静観しているようですが、監査人として問題視してい
> るという点はお伝えしておきます。

　この例では、監査人は問題発言を行っているF委員以外の参加者に連
絡をとっています。これは、監査人が会議の場で指摘すると、F委員の
発言内容がさらにヒートアップしてしまうのではないかということを懸
念したための処置となります。

　なお、③の方法はこのような場合に使われることを想定しています
が、軽微な内容で③の方法を採用してはならないということではありま
せん。しかし、会議の場で直接発言すれば足りることであれば、①の方
式を使うことを推奨しています。

# 03 監査結果の上申

監査人が指摘を行ったにもかかわらず、会議が問題点を是正しない場合、監査人は、**会議を主宰する組織へ問題点を上申することができます。** たとえば、会社の会議であればその部署の上長、一般社団法人の理事会であれば社員総会など、会議では解決が図れない場合に、より上位の判断を仰ぐための手続きです。

ただし、この手続きを行うということは、もはや問題点が本規則の範疇を超えたことを意味します。したがって、この手続きがとられた場合、問題点は本規則によらず解決するものとしています。

---

[21] 2019/06/25　23:13:30　　投稿者：監査人
監査人よりご報告します。

先日より委員の間で論争が起こっており、その中で特定の委員の発言内容が「個人への批判の禁止」にあたるのではないかと監査人から指摘しておりました。
しかし、討論が進んだ現在においても改善せず、むしろ状況が悪化しているように感じられますので、本件は「監査結果の上申」の規定に従い、総会において取り扱うよう上申いたしました。
これにより本件は監査人の手を離れましたので、あとは総会にて対応を決めていただくことになります。

---

## 04 依頼による監査

監査人は基本的に自らの判断で監査を行いますが、他者からの依頼によって監査を行うことは禁止されていません。たとえば、会議の議事録を会員に公開している組織などでは、会員からの依頼に応じて監査を行うこともできます。

---

監査人御中

会員の○○です。突然のメールで失礼します。

委員会で行われている討論の議事を読んでいますが、
Ｆ委員にかなり過激な発言が見られます。
議事録にも残り続けるものなので、個人攻撃にあたるものではないかという観点から監査をお願いします。

---

ただし、監査人は依頼された内容に必ずしも対応しなくてはならないということではありません。監査人は自らの判断により監査を行う権限を持っています。したがって、監査を行うか否かは監査人が決めるものであり、依頼者は監査人に監査を強要してはなりません。

# 05 監査人に対する懲罰

　監査人は会議を構成する役割の1つであり、ほかの役割と同じく懲罰の対象となります。ただし、監査人はその立場を考慮し、懲罰においていくつかの特例が認められています。

　一例としては、監査人に対する懲罰の審議で代行の監査人を指名できることなどですが、このあたりは後述する「懲罰」の説明をしてからのほうがわかりやすいと思いますので、詳細は「懲罰」の章で扱うものとします。

# コラム

●●●●●●●●●●●●●●●●●●●●●●●●●●●●●
## 監査の実践問題

第6章 監査

　下記の審議では、議長は [2] の投稿だけで３つの違反をしています。
監査人の立場で違反行為を指摘してみてください。

　なお、本規則における「原則」に変更はないものとします。

---

[1] 2019/03/14　23:55:19　　投稿者：Ｃ委員
【議案】
3/16 日開催のイベントに○○氏をゲストとして追加招待する
【議案の主旨】
明後日開催のイベントに、急遽ゲストを１人追加したいと考えています。
この方とは本日はじめてお会いしたのですが、非常にすばらしい講演を
行う方です。ぜひ、明後日のイベントに参加していただきたいと考えて
います。

---

[2] 2019/03/15　00:14:24　　投稿者：議長
Ｃ委員から議案が提出されました。
本件は時間的な制限がある議案となっているため、直ちに討論を開始し、
討論期間は現時点から丸１日とします。
また、本件の討論においては討論期間変更動議を受けつけないものとし
ます。

---

143

正解は下記の通りです。

① 賛同者を募らずに審議の開始を宣言している

　賛同者の制度は、少数意見を守るとともに議案の乱立を防ぐための重要なものです。議長や議案提出者自身は賛同者になれないため、賛同者の募集なしで審議の開始を宣言することはできません。

② 討論期間を1日しか確保していない

　本規則では、最短討論期間は原則として1週間となっています。事前に「最短討論期間を1日間に変更する」という議決をしていない限り、これを下回ることはできません。

　テキスト会議では、委員が会議の状況をリアルタイムに把握しているわけではありません。もし、この1日間にアクセスできない委員がいたとしたら、その委員は自分の知らないうちに討論が終了してしまうことになります。

③ 動議を禁止している

　動議は委員に与えられた重要な権利の1つです。この例の議長は審議を速やかに進めたいという想いから討論期間変更動議を禁止したのだと思いますが、委員の権利を制限して見かけ上"速やか"になったとしても意味がありません。

　動議を封じるのではなく、動議の必要がない議案と議事進行を心がけるべきでしょう。

第 7 章

# 禁止行為

# 01 手続き上の禁止行為

　本書ではここまで、審議や協議などの説明を行う過程で本規則における禁止行為についてもふれてきました。

　しかし、それらは各手続きの説明において必要な部分だけを抜粋して紹介する形になっていましたので、本章ではもっと大局的な、つまり会議全体に関係する禁止行為について説明したいと思います。

　手続き上の禁止行為とは、簡単にいえば**「本規則の内容に反してはならない」**ということです。

　本規則に規定された内容はすべて、会議を円滑に、そして正しく運用するために必要なルールとなっています。これに反して会議を進めてしまうと、あとになって認識の齟齬による混乱が発生してしまう可能性もあります。

　ときには手続きが面倒と感じることもあるかもしれませんが、正しい規則に則って物事を進めることは、結果的にもっとも円滑に物事を進めていくことにつながります。会議は必ず本規則が規定している通りの手順で進行するようにしてください。

　なお、本規則はあくまでも「会議の進め方」を定めたものであり、会議の外にまで本規則が適用されるものではありません。

　また、会議は国・地域・都市等が定めた法令や条例等を遵守したうえで開催されなくてはなりません。本規則は会議での規則のみを規定していますが、それ以前の問題として法令等に反した行為は禁止であるという

ことです。

　たとえば、下記の議案は会議の規則には反していませんが、日本の法律である最低賃金法に抵触するため禁止行為にあたります。

---

[1] 2019/06/20　15:27:41　　投稿者：D委員
【議案】
時給 500 円以内で事務スタッフを雇う
【議案の主旨】
団体の事務作業が増えてきましたので、事務スタッフを雇いたいと考えています。
予算の都合があるため時給は 500 円以内とします。学生のアルバイトでかまわないので、なるべく安く済ませましょう。

---

　これらに加え、「審議」の章の「決議事項」で説明した通り、会議の参加者は決議事項を遵守しなくてはならないことになっています。ただし、決議事項の取消や変更を議論することは、決議事項に反する行為とはみなされません。決議事項の取消や変更も、本規則で認められた手続きの 1 つだからです。

# 02 議論における禁止行為

議論が熱を帯びてきたことでついつい語調が荒くなってしまった経験は、誰しも持っているものと思います。それは文字によるテキスト会議でも同じで、白熱した議論を展開していると、どうしても強い言葉を使いたくなることがあります。

人間である以上、多少語気を強めるのは仕方のないことでもあるのですが、一線を越えてしまうと会議は紛糾し、議案の内容とは無関係の煽り合いが始まることもあります。本規則ではそのような状況を避けるため、議論における禁止行為を明確に定めています。

## 個人への批判の禁止

会議では、ときに他者の意見に対して批判を述べることが必要になる場面もあります。険悪な空気にしたくないからといってどのような案でも褒めているのでは、決してよい案を生むことはできないでしょう。

しかし、批判というのはただ文句を言えばよいというものではありません。誤った批判をしてしまうとそれこそ空気が険悪になり、議案の本題からずれた言い争いが発生してしまうこともあります。

次の例を見てみましょう。これは「年会費を増やしたほうがよい」と考えているＢ委員が、どのくらいの金額ならば同意が得られるかを協議として相談しているところです。しかし、Ｆ委員がＢ委員に絡んできたことで、本来の議論とは異なる方向に話が進んでしまいました。

[1] 2019/06/13　09:25:34　　投稿者：Ｂ委員
【協議】年会費の適正額について

以前Ａ委員が提出した年会費1,000円増額の議案は否決となりました
が、たとえ単年度であっても赤字が出たのは事実です。
すぐに金額を変えるということではなくても、本来の年会費はいくらが
適切なのかは再検討したほうがよいでしょう。
私としては、今のサービスなら10,000円でもいいと思うのですが。

───────────────────────────

[2] 2019/06/13　10:10:37　　投稿者：Ｃ委員
それはいくらなんでも高すぎるでしょう。
学生の会員もいるので10,000円では退会者が増えてしまいます。
年会費は据え置きにして支出を減らす方向で考えるべきです。

───────────────────────────

[3] 2019/06/13　10:25:41　　投稿者：Ｆ委員
これはまた無茶苦茶な案ですね。
それにＢさんは以前、年会費の納付が遅れたことがありましたよね？
自分の会費も払えない人が、会費を変更する案を出す資格なんてありま
せんよ。

　この協議では、年会費の大幅な引き上げ案を示したＢ委員に対し、Ｃ
委員とＦ委員が反対意見を述べています。しかし、この２人の反対意見
には決定的な違いがあります。

まずC委員の意見ですが、これがB委員の案に批判的なものであることは間違いありません。しかし、C委員の意見は「退会者が増えてしまう」という問題点を指摘し、「支出を減らす」という改善点も提示したうえでの建設的な批判になっています。

　一方で、F委員もまたB委員に対して批判的な投稿を行っています。しかし、よく見てみると、F委員の批判はB委員の「案」ではなく、B委員「個人」に向かっていることがわかります。

　**本規則では個人への批判は禁止しています。**提案したのが誰なのかにかかわらず、提案の内容に対して議論をすべきだからです。

　今回の例でいうと、B委員が過去に年会費納付で何か問題を起こしたことは事実なのかもしれませんが、それは今回協議している内容には直接関係がありません。それにもかかわらずその話題を持ち出したF委員の発言は、「B委員が提案したから反対」と言っているに等しく、これはより良い案を目指すための批判ではなく、単なる個人攻撃とみなされてしまうのです。このような批判は会議の空気を悪くするだけであり、協議や審議の役には立ちません。

　それに、もし会議で個人への批判が許されてしまうと、議論の内容ではなく互いに相手をやり込めることに終始してしまい、結局主題となった内容への議論が深まらなくなってしまうでしょう。たとえば、今回の例では次のような展開が予想されます。

[4] 2019/06/13 10:40:52　投稿者：B委員
＞Fさん
納付が遅れたのは年末に海外出張していたからですよ？
ちゃんと委員会に報告しています。Fさんは委員なのに報告を読んでい
ないのですね。相手をどうこう言う前に、まず自分がちゃんと委員の仕
事をしてください。

---

[5] 2019/06/13 10:55:12　投稿者：F委員
海外出張はあなたの都合でしょ？
会費の納付が遅れたのは事実じゃないですか。
自分の都合で遅れておいて、何を偉そうなことを言っているのですかね。

---

[6] 2019/06/13 11:17:43　投稿者：B委員
不見識と言わざるを得ませんね。
年会費規約には「特別な事情がある場合は、事前に報告を行うことで納
付を1月末まで遅らせることができる」とあります。
私はこの規約の手続きに則って事情を説明し、1月末までに納付したの
ですよ。規約通りに手続きした人を批判するなんて、委員として失格で
すね。

この協議の主題は「年会費の適正額」だったはずです。ここまでの議論では年会費の話などどこかに行ってしまい、B委員とF委員のどちらの言い分が正しいかを決める場のようになってしまいました。

このやりとりがいつまで続くかはわかりませんが、少なくとも適切な年会費の議論ができていないことは間違いありません。個人への批判はこのような事態を招くため、本規則では明確に禁止しています。

なお、本規則にはほかにもいくつかの禁止行為が定義されていますので、それぞれ見ていきましょう。

## 建設的でない批判の禁止

会議において納得のできない議案や意見が出てきた場合、批判的な意見を述べることは自由です。ただし、批判は議論されている案をより良くするために行うものなので、**改善点を述べずに批判してはなりません。**

たとえば、前述の例において、F委員は「これはまた無茶苦茶な案ですね」と述べていました。この批判は、結局どこを改善すれば良くなるのかが伝わらないため、「建設的でない批判」にあたります。

案が無茶苦茶だと思うならば、「なぜ無茶苦茶なのか」を具体的に説明し、そのうえで「どう改善すれば良くなるか」も併記しなくてはなりません。もしそれができないならば、それは自分の考えよりも相手の案のほうが優れているということです。

なお、内容の如何を問わず、同じ内容の批判を何度も行うことは、印象操作以上の意味が得られないため禁止としています。

## 粗暴な表現の禁止

　会議では必ずしも敬語を使う必要はありませんが、粗暴な表現で相手を委縮させるような発言をしてはなりません。たとえば、「この議案に反対した奴は許さないからな」のような発言は、相手を委縮させることにつながるため禁止となります。

## 質問の濫用禁止

　質問は、情報を整理して議論を促進させるために行うものです。可決させたくない議案に対し、質問の名を借りて議論を妨げてはなりません。

　たとえば、議案を読めばわかるような質問をあえて何度も行い、議案提出者が回答に疲れてきたところで「議案提出者が質問へ回答できないような議案は否決すべきだ」というような主張を行うことが「質問の濫用」にあたります。

　なお、質問への回答は義務ではありません。質問に回答しないことが採決の際にマイナスに働くことはあるかもしれませんが、回答しないこと自体は違反ではなく、本規則には「回答を強制してはならない」と明確に定められています。

## 発言の抑圧禁止

　会議の参加者は、本規則に反しない限り自由に発言する権利を持ちます。したがって、他人の発言を抑圧することは禁じられています。たとえば「あなたと話すと長くなるので、しばらく黙っていてください」というような発言は禁止事項にあたります。

153

なお、発言の内容がどのようなものであっても、発言したこと自体を批判することはできません。ただし、発言の内容が本規則に反していた場合は、批判や懲罰の対象となることがあります。

## 虚偽情報の禁止

　言うまでもないことですが、嘘はいけません。意図的に虚偽情報を持ち込むことは明確に禁止されています。また、意図的ではなく不注意で虚偽や誤った情報を持ち込んでしまった場合は、その情報が虚偽や誤りとわかった時点で発言者自身が訂正を行わなくてはなりません。

---

[22] 2019/07/10　15:51:30　　投稿者：Ａ委員
すみません、>11 に記載した内容に誤りがありました。
昨年の会費収入を 890,000 円と記載していましたが、
正しくは 980,000 円となりますので訂正させていただきます。

---

[23] 2019/07/10　16:49:27　　投稿者：議長
＞ Ａ委員
承知しました。
討論の参考になる数字ではありますが、この訂正によって討論内容が大きく変わるものでもないと思いますので、討論期間の延長等は行わずこのまま討論を継続したいと思います。

---

　この例では内容の誤りに気づいた委員がすぐに訂正を行ったため、特に問題とならず討論が継続することになりました。

情報は、時間が経てば経つほど訂正が難しくなります。もし誤りに気づいたら、できる限り速やかに訂正を行うようにしてください。

　ここまで見てきたものは、会議において本当に基本的な事柄です。しかし、言葉というものは形式的な禁止行為さえ守っていればよいというものではありません。言葉の端々から漏れ伝わる感情が相手の神経を逆なですることもあります。

　本規則に定められた禁止行為はあくまでも「形式的に最低限守らなくてはならないこと」ととらえ、本規則で禁止しているか否かにかかわらず、つねに丁寧な議論を行うよう心がけてください。

# コラム

## 人としての評価を下げる発言

　これは、本規則のようなしっかりとした議事法が採用されていなかった組織での話です。その組織はイベントごとに収支を計算し、イベント終了後に会計書類を作って委員会の承認を得る必要がありました。

　会計書類は承認後に組織の本会計へ繰り入れられ、最終的には組織全体の決算にも影響を及ぼす重要なものです。委員会ではまず審議を行って書類の内容をチェックし、問題なしと判断した場合は承認する流れになっていました。

　とあるイベントの会計書類も、通常の手続きと同じく審議において内容の確認作業が行われていました。書類には若干の不備があったため委員会から担当者に確認をとっていたのですが、そのやりとりの最中、回答に窮した担当者が突然怒り始めたのです。

「私は別に、こんな書類はどうだっていいんだ」
「別に非承認でもいいんだよ。でも、それで困るのはあなたたちだろう？」
「あなたたちは委員なのに、決算を通す気がないのか？」

　最終的に、不備の内容が軽微であったため会計書類は承認されるに至りました。しかし、このような恫喝まがいの表現で承認を迫る担当者の姿に、徒労感と失望感を禁じ得なかったことをよく覚えています。

　粗暴で威圧的な表現は、会議の進行だけでなく、人としての評価まで壊してしまうことがあります。本規則が発言の表現にまでふみ込んで禁止事項を設けているのは、このような事態を避けるためでもあるのです。

第 **8** 章

# 懲罰

# 01 懲罰の構成

懲罰の規定というものは、使われないに越したことはないものです。しかし、罰則がないと規則に反した言動を行う人を止めることができません。いくら議事法を導入したとしても、結局はルールを守らない人が大きな顔をして、正直者が損をすることになってしまうでしょう。

本規則は**「最低限の懲罰は必要」**との立場をとっており、議事法の一部として懲罰の規定も盛り込んでいます。

本規則における懲罰は、あくまでも会議の中において罰を与えるものです。組織における役職の剥奪や出勤停止などの処分にふみ込むものではなく、会議への参加禁止や役割の剥奪などの形をとるものになっています。

具体的には**「戒告」「譴責」「会議への一時的な参加禁止」「会議での役割の剥奪」**の4段階の懲罰を規定していますが、まずは懲罰の手続きにおける基本事項から順に見ていきましょう。

## 懲罰の審議

懲罰を適用するには、審議を行ったうえで賛否形式の採決を行わなくてはなりません。

懲罰の審議においては、懲罰の対象となる人物（以降、「懲罰対象者」と呼びます）は、**たとえ委員であろうとも審議に参加することができなくなります。**議長についても同じで、もし議長が懲罰対象者になる場合は代行者が議長役を務めることになります。

[1] 2019/06/16　09:25:34　　投稿者：Ａ委員

【議案】

「年会費の適正額について」での個人批判につき、Ｆ委員に戒告処分を与える

【議案の主旨】

先日より行われている「年会費の適正額について」の協議において、Ｆ委員の個人批判が目立っています。

年会費の協議は明らかに委員の投稿率が低く、議案提出者であるＢ委員を除くと、複数回意見を述べた委員が１人もいません。

すでに委員が発言を委縮する空気になっているように感じますので、早い段階で戒告処分を与えるべきと考えます。


なお、本議案は懲罰対象者であるＦ委員本人からは見えない設定としてあります。

　懲罰の審議は通常の審議と同様に進めていきますが、注意していただきたいのは、懲罰対象者が審議に参加できないことで委員の数が変わることです。

　今回の例でいうと、懲罰対象者であるＦ委員が参加しないことで委員が７名となり、可決ラインや賛同者の人数に影響が出ます。賛同者は「**議案提出者を除いた**委員の２割」なので委員「６名」を基準とし、可決ラインは議長を含めた「８名」で計算することになります。

　なお、懲罰の審議における可決ラインは**適用する懲罰の軽重により変わります**。具体的には、「戒告」または「譴責」の場合は過半数、「会議への一時的な参加禁止」または「会議での役割の剥奪」の場合は３分の２以上となっています。

[2] 2019/06/16 11:15:23　投稿者:議長

A委員から議案が提出されました。

当議案に賛同する人はコメントしてください。


この審議は「懲罰の審議」となります。F委員が参加していませんので、当審議での委員の人数は7名です。必要な賛同者数は、議案提出者を除くと6×0.2＝1.2なので、2名となります。

また、当議案は戒告処分を求めるものなので、可決ラインは過半数となることに注意してください。

可決ラインは総票数8票（議長票含む）の過半数なので、棄権・不投票がない限り5票となります。

※賛同者の手続きは通常の審議と同様のため例示は省略

## 02 弁明

懲罰の審議で討論が始まった場合には、議長は懲罰対象者に議案およびその内容を伝えたうえで、弁明書の提出を求めなくてはなりません。弁明書の書式は特に定めていませんが、懲罰対象者は弁明書において自らの意見を述べることができます。

---

Ｆさん
突然のご連絡失礼いたします。

現在、「年会費の適正額について」での貴方の発言が禁止事項である「個人への批判の禁止」にあたるとの意見が上がっており、それに対する懲罰の審議を行っています。
つきましては、2019 年 6 月 23 日いっぱいまでに、本件に対する弁明書を提出してください。弁明書では、本件に対するＦ委員ご自身の意見を述べることができます。
以下、現在提出されている議案およびその主旨となります。

【議案】
「年会費の適正額について」での個人批判につき、Ｆ委員に戒告処分を与える
【議案の主旨】
先日より行われている「年会費の適正額について」の協議に……

---

※以降は議案の主旨のコピーになるため例示は省略

弁明書の提出期限は、原則として討論開始時に決めた討論期間終了までとし、提出期限を迎えても弁明書が提出されない場合、弁明はないものとみなします。

なお、弁明書が提出期限間際に提出された場合は、討論期間変更動議により討論を延長することを推奨しています。ただし、弁明書の内容を受けてさらなる討論をする必要がない場合は、そのまま採決に入っても問題はありません。

---

【弁明書】
Ｆです。お手間をおかけしているようで申し訳ありません。
先刻の協議での発言は、Ｂ委員が過去に会費の支払いを滞らせていながら、それにふれることもなく年会費の協議を始めたために反射的に書いたものでした。

しかし、Ｂ委員はあらかじめ許可を得たうえで支払いを遅らせていたということで、そのことを知らず批判する形になったことは申し訳なく思っています。

以降は過去の経緯も確認したうえで発言するとともに、個人攻撃と受けとられることのないよう注意します。

[15] 2019/06/23　12:20:31　　投稿者：議長
Ｆ委員からの弁明書が届きました。
各自添付ファイルを確認してください。

討論期間は本日までですが、議長としては弁明書の内容も確認した結果、
討論期間の延長は不要であると感じています。
よって議長裁定による討論期間変更は行いませんので、もし必要な場合
は動議を提出してください。

────────────────────────────────

[16] 2019/06/13　12:55:20　　投稿者：Ａ委員
弁明書を確認しました。私としても、今回の件については討論の延長は
不要と思います。懲罰の軽重も変える必要がないと思いますので、議案
の修正も行いません。

ただ、弁明書の内容に若干の違和感を覚えるのも事実です。
まるで「言い方は変えるが批判は継続する」と言っているようにとれな
くもありません。
とはいえ、それは次の問題発言が出たときに考えることとして、この審
議はこのまま採決に進むことでよいかと思います。

　このように、弁明書の内容を確認したらあとは通常の審議と同様に討
論と採決を行います。そして、採決により議案が可決した場合は、懲罰
が適用されることになります。

# 03 懲罰の適用範囲

　本章の冒頭でも少しふれましたが、本規則における懲罰はあくまでも会議の中において罰を与えるものであり、**会議の範疇を超える処罰を与えるものではありません。**

　つまり、会議を主宰する組織において役職を剥奪したり、あるいは会社の会議であれば懲戒処分を行ったり、そのような処罰を想定したものではないということです。

　ただし、それは会議の範疇ではない処罰を適用する際に本規則を利用してはならないということではありません。本規則における審議の手続きを使って、たとえば会社における懲戒処分を決めてもかまいません。ただ、その場合は本規則における「懲罰」の規定にあたるのではなく、通常の審議の1つとして取り扱うというだけのことです。

　本規則において決定された懲罰は、当人へ書面または電子文書により告知された時点から効力を発します。懲罰の審議が可決した時点ではないことに注意してください。

　ただし、懲罰の審議が可決してから当人に告知されるまでの間に、懲罰を適用するための準備を行っても問題ないものとしています。

## 懲罰の公開

　懲罰が適用された場合、その事実は理由とともに会議において公開されなくてはならないものとしています。

　これは、懲罰の事実を公開すること自体も罰の1つであるという意味合いとともに、もし会議への参加禁止や役割の剥奪が行われていた場合、

その情報を共有しておかないと会議の進行に支障が出るためです。懲罰の事実は、下記いずれかの方法で公開することになっています。

① 書面または電子メール等により、参加者へ直接送付する方法
② 書面または電子文書を、参加者が閲覧できる場所へ掲示する方法

　掲示による公開方法を選んだ場合、掲示期間は原則として３か月間と定められています。掲示はあくまでも懲罰が適用された事実を共有するためのものなので、重い懲罰が適用されたからといって掲示期間が長くなるということはありません。

## 懲罰の変更と取消

　懲罰の適用は審議により決めるものなので、通常の決議事項と同じく変更や取消を行うことができます。
　変更や取消の手続きも通常の決議事項と同様で、委員が変更または取消の議案を提出し、その議案を３分の２以上の可決ラインで可決すれば、変更または取消が有効となります。
　なお、もし取消の審議によって懲罰が取り消された場合でも、取り消しが決まるまでに発生していた懲罰に対する補償は行いません。決議事項の説明にもあった通り、過去に決議事項が適用されていたという事実自体が取り消されるものではないからです。
　つまり、取り消されるまでの期間は有効な決議事項に従って懲罰が与えられていたので、その間の懲罰までさかのぼって無効化したり、あるいは誤った懲罰を与えたと解釈して補償を行ったりする必要はないということです。なお、これは変更により懲罰が軽減された場合でも同じです。

## 04 懲罰の手続きにおける禁止事項

　懲罰は参加者の権利を奪う手続きなので、当然ながら厳格な適用が求められます。その一環として、懲罰の手続きにおいては**いくつかの禁止事項が定められています**。

　たとえば、１回の違反行為に対して**複数回の懲罰を適用すること**は禁止されています。あくまでも１回の行為に対する懲罰は一度のみであり、懲罰が足りないと感じたからといって追加の懲罰を与えることはできないのです。

　ただし、過去に違反行為によって懲罰を受けた人物が再度同じ違反行為をした場合、二度めの違反ということを考慮して重い罰を与えることは問題ありません。これは、あくまでも二度めの懲罰の審議における判断材料として使っただけで、一度めの違反行為に対してふたたび罰を与えるものではないためです。同じ違反を何度もくり返す人に対して段階的に懲罰を重くしていくのは、本規則に限らず一般的な話でしょう。

　また、本規則における懲罰は、明確に違反行為が認められた場合のみ適用できるものと定められています。たとえば、「違反行為の恐れがある場合」や「違反行為に近い場合」など、**明確に違反と言い切れない行為に対して懲罰を与えてはなりません**。

　これを許してしまうと恣意的な解釈で懲罰が運用されてしまい、「違反行為はなかったが反省を促すため懲罰を与える」など、不合理な理由での懲罰がまかり通ってしまうためです。

## 05 懲罰の種類

本規則における懲罰の種類は下記の4種類です。これ以外の懲罰を行うことはできず、規則として追加することもできません。

## 戒告

戒告はもっとも軽い懲罰で、軽度の違反行為が認められたものの、実質的な処分を行うほどではないと判断した場合に科す懲罰です。戒告は会議への参加を制限するものではありません。一般的な会社や組織で言うところの「文書による注意処分」くらいの位置づけと考えてください。

## 譴責

譴責は、一定の違反行為は認められたものの、事情を考慮して実質的な処分を行わない場合に科す懲罰です。懲罰の度合いとしては戒告よりも重いものになります。

本来はもっと重い懲罰を科すところを、初回の違反であるなどの理由により実質的な罰則を免除する場合などに使います。

## 会議への一時的な参加禁止

その名の通り、懲罰対象者を一定期間会議に参加できなくする懲罰です。会議における活動に制限がかかるため、懲罰としては重い部類に入ります。

この懲罰を適用する場合は、必ず期間を定めなくてはなりません。適用できる最長期間は原則として1年間で、最短期間の定めはありません。

## 会議での役割の剥奪

この懲罰が適用されると、懲罰対象者は与えられた「会議での役割」を剥奪され、それ以降は会議に参加することができなくなります。つまり、会議の場から追放する処分であり、本規則におけるもっとも重い懲罰となります。

なお、この懲罰は**「ほかの懲罰では対応できない場合に限って使用しなくてはならない」**という前提条件が付与されています。つまり、一時的な参加禁止などの処分を適用しても言動に改善が見られなかった場合などに使うことを想定しています。

ただし、これは初回から「会議での役割の剥奪」を適用することができないという意味ではありません。たとえば、組織の資金を横領した人や、世間一般的に重罪と考えられる犯罪を起こした人など、問題行為の大きさにより「ほかの懲罰では対応できない」と判断された人に対しては、最初からこの懲罰を適用することもできます。

# 06 監査人に対する懲罰

　監査人も会議の参加者である以上は懲罰を受けることがありますが、その役割の性質上、懲罰では監査人に対してのみ一部の特例が与えられています。

## 監査人に対する懲罰の特例

　監査人が懲罰の対象となった場合、監査人は、自らの懲罰を決める審議に限り代行の監査人を指名することができます。この特例は、監査人が不在の状況で懲罰の審議が進められてしまうことを防ぐためのものです。ただし、監査人自身が代行者を選ぶ権利を放棄した場合は、懲罰の審議は監査人が欠けた状態で行っても問題ないものとしています。

　代行者の指名は、原則として弁明の提出期限までに行わなくてはなりません。懲罰の審議が討論入りすると懲罰対象者に「弁明」の機会が与えられ、同時に懲罰の審議が行われていることが通知されます。これに併せて代行の監査人を指名することになります。

　なお、この特例は監査人が1名だけの場合に限りません。監査人が複数名で構成され、懲罰対象者となった監査人がそのうちの1名だけだったとしても代行者は指名できます。

　また、当然ながら代行の監査人は中立な立場で監査を行うことが求められます。指名を受けたからといって懲罰対象者の監査人に肩入れしたり、あるいは審議の内容を伝えたりしてはならないということです。

## 監査人が欠けた場合の対応

　「会議への一時的な参加禁止」または「会議での役割の剥奪」の懲罰が科せられ、監査人が監査の役割を担えなくなることが決まった場合、懲罰対象者となった監査人は原則として**2週間以内**であれば代行の監査人を指名することができます。

　この場合の代行者は、懲罰の審議だけに留まらず、会議におけるすべての協議や審議に対して監査を行うことができます。つまり、代行者は正式な監査人と同等の活動を行うことになりますが、あくまでも「代行」であることに変わりはないため、本来の監査人が役割に復帰した場合はその時点で代行の役割も終了となります。

　なお、もし懲罰対象者である監査人が代行者を指名しなかった場合は、会議において代行の監査人を指名しなくてはなりません。監査人は会議の正当性を担保するための重要な役割であることから、このような特例が定められています。

　ただし、会議を主宰する組織の規約等に監査人が欠けた場合の規定がある場合はこの限りではありません。本規則よりも、組織の規約等の定めを優先することになります。

# コラム

## 動議で議案は修正できない？

　本規則以外の議事法を使ったことがある人は、「修正動議」という動議を聞いたことがあるかもしれません。これは、提出された議案の内容を変更するために使う動議ですが、本規則ではこの「修正動議」を採用せず、代わりに議案提出者であれば動議なしで議案の修正を行えるようにしています。

　ほかの議事法における「修正動議」は、たとえ議案提出者が拒否したとしても、過半数の賛成があれば強制的に議案を変更することも可能となります。しかし、やはり議案の内容をもっともよく知るのは議案提出者本人であり、多くの場合、議案の内容に思い入れが強いのも議案提出者です。

　いかに過半数の賛成によるものとはいえ、自らが納得できない修正を入れられてしまったら、それ以降の討論は円滑に進められなくなってしまうでしょう。

　本規則は、たとえ修正の余地がある議案であっても、議案提出者が望むならば原案のまま採決すべきという考えです。

　多くの場合そのような議案は否決されるものと思いますが、議案提出者としては自分の考えを貫いた結果ですから、強制的に修正されるよりははるかに納得のいく結果となるものと思います。

# 第9章

# 発言録

# 01 議事録と発言録

　会議では議事録を作ることがすすめられています。議事録とは、会議において決定された事項、保留となった事項、次回までの宿題となった事項などを整理し、**「会議で何を決定したか」があとになって読み返せるようにした資料**です。言い換えると、議事録とは「会議の内容をわかりやすくまとめたもの」ととらえることもできます。

　テキスト会議においても議事録の必要性は変わりませんが、テキスト会議では最初から「文字」による発言を行うため、会議の内容を保存することが容易です。そのため、本規則では**会議で参加者が発言した内容をそのまま保存し、議事録の代用とすること**を定めています。

　会議の内容をそのまま保存した資料は、厳密には「議事録」とは呼べません。議事録とは単なる会議の文字起こしではなく、会議の要点や決定事項を「わかりやすくまとめた」ものでなくてはならないからです。

　しかし、議事録の作成にはそれなりの技術が必要なことも事実です。新入社員に議事録を書かせてみたら、重要なポイントが抜けていたり、用語を理解していないため要領を得ない文章になってしまったりした経験をお持ちの方も多いでしょう。

　会議には、必ずしも議事録作成の技術を持った人物が参加しているとは限りません。また、議事録作成には手間がかかるので、会議のたびに議事録を作るのは負担も大きくなります。

　本規則ではこれらを考慮した結果、テキスト会議の特性を活かして「発言の内容をそのまま保存」という形を採用することを定めました。これ

ならば議事録をまとめる技術は不要で、かつオンライン会議室のバック
アップだけで作業が終わるので、手間もかかりません。

　この方式だと会議の内容を「わかりやすくまとめる」という作業は省
かれることになります。しかし、本規則は議案の提出や可決の宣言など
の手順を明確に定めた、手続き重視型の議事法です。そのため、たとえ
ば議案の内容を確認したければ審議の冒頭を見ればいいし、採決結果を
見たければ議長が宣言する最終結果を見ればいいのです。
　手続き型の議事法は、いざ討論をしている最中は面倒に感じることも
あるかもしれませんが、このように**あとから見返したときのわかりやす
さは格段に向上します**。あとから見たときにわかりやすいということは、
あとになって認識の齟齬や勘違いが起きにくいということにもつながり
ます。
　これらの理由から、本規則では「会議の内容をそのまま保存」したデー
タを議事録の代わりとして扱うことになっているのです。

　なお、議事録の代わりになるとはいえ、本来の議事録と異なるもので
あることに違いはありませんから、本規則ではこれを「発言録」と呼ん
で区別しています。

## 02 発言録の公開

　本規則では、会議の発言録は**参加者以外にも公開すること**を前提としています。ただし、もちろん不特定多数の人たちに公開せよということではありません。会議を主宰する組織が公開範囲を定めている場合はその範囲内で、定めがない場合は会議で審議を行って公開範囲を定めれば問題ありません。

　たとえば、一般財団法人の理事会において「理事会の発言録は会員に公開する」という決議事項を定めたならば、会員だけが参照できる場所に発言録を置いておけばよいということになります。

　発言録は、原則として「発言が行われてから1週間以内」に公開することになっています。原則を変更しない場合は「発言が行われてから」が基準となりますので、必ずしも審議や協議単位で公開することにはなりません。たとえ審議の途中であっても、公開期限を迎えた段階までの発言を公開することになります。もし審議や協議単位での公開を望む場合は、原則を「審議ないし協議が完了してから1週間以内」のような形に変更してください。

　なお、発言録の公開期間は、原則として「本規則を適用した会議が継続している限り無期限」となっています。

## 03 公開対象からの除外

　発言録は公開を前提としたものですが、ときには公開できない内容を会議で扱うこともあるでしょう。本規則では、下記いずれかの条件にあてはまる発言を**公開対象から除外**するよう定めています。

① 　動議または議長裁定により、発言録公開制限が適用された審議
② 　懲罰の審議における討論
③ 　事前に会議で定めた公開対象の除外条件に該当する発言

　注意していただきたいのは、懲罰の審議において公開対象から除外されるのは、あくまでも「討論」の部分だけだということです。議案および採決については公開対象となります。

　また、③の規定を利用し、除外条件を会議で任意に定めることもできます。手続きとしては、「採決」の章で記名投票を無記名投票に変更した手続きと同じものだとお考えください。

　なお、除外条件に変更が行われた場合は、現在公開している発言録についても公開の見直しを行うことが定められています。つまり、除外条件が追加された場合は、過去に公開された発言録を非公開に切り替えなくてはならないこともあるということです。

　ただし、逆にもともとが非公開だった発言録は、除外条件を変更したとしても単純に公開へ切り替えることはできません。審議や協議における発言には、非公開という前提があるからこそ発言された内容もあるはずです。そのため、非公開の発言録を公開に切り替える場合は、発言者本人から許可を得なくてはならないと定められています。

# コラム

## 「決定回避」を回避せよ

「決定回避」という現象をご存知でしょうか？ 複数の選択肢から１つのものを選ぶとき、目の前にたくさんの選択肢が並べられると、なぜか選択することを避ける方向に脳が動いてしまう現象のことです。「目移りして選べない」という言い方をすることがありますが、これはまさに決定回避が発生している状態ということができます。

　会議では、この「決定回避」によりなかなか結論が得られない状態に陥ることがあります。取り得る選択肢が２つしかなければ「この２つのどちらがよいか」という決め方ができるのですが、選択肢が５つも６つもあると「すべて細かく比べてから決めなくてはいけない」という強迫観念のようなものが働いてしまい、選択肢が多いはずなのに逆にどの選択肢も選べなくなってしまうのです。

　この状態を回避する方法は、あえて選択肢を減らすことです。細かな部分はいったん忘れて主要なポイントのみを比べ、「だいたい良さそう」な選択肢を少しだけ選び出します。そうして選択肢を減らしてから細かな比較を行えば、「どちらがよいか」という選択ができるようになるため決定回避を回避することができるのです。

　もちろん、選択肢を減らす段階で最善の案が捨てられてしまう可能性もあるかもしれません。しかし、主要なポイントで良しと判断された案であれば、たとえ次善の案であったとしても大きな問題になることはないでしょう。それよりも、決定回避によって時間を浪費してしまうことのほうが問題としては大きいのではないかと思います。会議ではときに、このような割り切りも必要になるということです。

# 第10章
## 緊急対応

# 01 緊急対応における特例

これまで見てきたように、本規則は議論の手続きを厳格に定めており、その手続きに則って会議を進めていくことで認識齟齬による混乱やもめ事を極力抑えられるよう設計されています。

しかし、ときには突発的な事情により正規の手続きを進めている時間がないこともあるでしょう。本規則ではそのような事態も想定し、**緊急対応**の条項を定めています。

会議において緊急に対応すべき事態が発生した場合は、これまで審議や採決の章で説明してきた手続きを使わず、本章で規定する緊急対応の手続きを使って審議を行うことができます。

ただし、急いでいれば何でも「緊急に対応すべき事態」になるわけではありません。本規則では「緊急」と呼ぶべき状況も定義しており、条件を満たさなければ緊急対応を使ってはならないものとしています。

「緊急に対応すべき事態」とは、以下に定める条件をすべて満たし、通常の審議では対応が間に合わない事態を指します。これらのうち1つでも欠けたら、緊急対応を適用してはなりません。

① 会議の責任によらず発生した出来事であること
② 突発的な出来事であること
③ 速やかな対応が求められること

具体例を挙げると、天災による予定の変更や取引先からの一方的な

キャンセルなどさまざまな状況が「緊急に対応すべき事態」として想定されますが、重視していただきたいのは、それが**「会議の責任によるものかどうか」**という点です。

　たとえば、取引先からの一方的なキャンセルにより予定の物品がそろわなくなった場合は、会議の責任で発生した事態ではありません。よって、緊急対応を適用して代替品の調達を決めることができます。

　しかし、会議で発注先を決めるのが遅れたために期日までに物品をそろえることができなくなってしまった場合は、「会議の責任によるもの」になるため緊急対応を適用してはなりません。

　緊急対応はあくまでも自分たちではどうしようもない出来事に対応するための仕組みであり、自らが招いた遅れを取り戻すための仕組みではないということを覚えておいてください。

## 緊急対応における手続き

　緊急対応は、手続きとしては「審議」に分類されます。ただし、緊急対応を適用する審議では、議案に緊急対応であることが明示されていなくてはなりません。また、採決方式は「賛否形式の採決」のみが利用できます。

　緊急対応の審議は、提案された議案に対して賛同者を募るところまでは通常の審議と同じです。しかし、賛同者が必要数を満たした場合、**緊急対応の審議では討論と採決を同時に始める**のです。
　通常の審議は討論を原則として1〜4週間ほど行い、討論期間が終了したら1週間の採決期間を設けます。しかし、緊急対応の審議ではこれらを短縮し、たとえ討論の途中であったとしても「結論が出た」と委員各自が判断した時点で投票を行うことができるようになっています。

　緊急対応の手続きでは、討論開始時に討論期間を宣言しません。代わりに、採決期間がそのまま討論期間とイコールになります。なお、採決期間は全員が投票し終わると終了になりますが、この際に最短討論期間を満たしていなくても討論終了として問題ありません。そのほかの手続きは通常の審議と同じです。

　では、これらをふまえて緊急対応の審議の例を見てみましょう。この例では地震が発生したことにより、イベントスタッフが宿泊予定だったホテルが使えなくなってしまいました。イベントは来週に迫っており、通常の審議では間に合わない状況です。

[1] 2019/02/23  10:13:19　投稿者：D委員

すみません、緊急事態なので下記の承認をお願いします。


【緊急対応議案】

来週のイベント予算を一部変更し、スタッフの宿泊予算を1泊25,000円に増額する。

【議案の主旨】

先日の地震の影響で、来週のイベント会場周辺のホテルが一部使えなくなってしまったそうです。会場自体に問題はなかったのでイベントは開催できますが、スタッフが宿泊するホテルが臨時休業中です。

こちらで探したところ、1泊2万円以上するホテルならば空いていました。当初予算だと1万円までだったと思いますが、ほかに選択肢がないので予算増額をお願いします。

---

[2] 2019/02/23  11:08:45　投稿者：A委員

賛同者の募集開始前ですが、急ぎのようなので先に賛同を表明しておきます。

---

[3] 2019/02/23  11:21:19　投稿者：C委員

私も賛同します。すぐに採決を始めましょう。

[4] 2019/02/23　12:49:13　　投稿者：議長

Ｄ委員から緊急対応の議案が提出されました。

すでに賛同者が条件を満たしていますので、緊急対応の議案の手続きに

従い、只今から討論と採決を同時に開始します。

意見がある人は述べてください。また、討論に結論が出たと判断した委

員は、討論中であっても投票を行ってかまいません。

採決期間は３月２日いっぱいまでとします。討論期間も同様です。

---

[5] 2019/02/23　13:10:11　　投稿者：Ｃ委員

地震の影響なので、この議案の対応で問題ないと思います。

すでに投票も済ませました。

---

[6] 2019/02/23　18:50:28　　投稿者：議長

早くも賛成票が過半数となったので、本件は可決とします。

賛成：６票、反対：０票、棄権：０票、未投票：３票（議長含む）

Ｄ委員は取り急ぎホテルの手配をお願いします。

未投票の委員は引き続き投票してください。

　このように、緊急対応の審議であれば、議案提出から可決までの流れ
を１日で済ませることも可能となっています。

## 03 緊急対応における禁止事項

　前述の通り、緊急対応の審議を使うと非常にすばやく意思決定を行うことができます。しかし、すばやく意思決定を行えるということは、そのぶん討論を省いているということでもあります。本来の会議の意味を考えるならば多用すべきではありません。

　よって、たとえ事前に想定していなかった事態だとしても、討論の遅延や議事進行の誤りなど、**会議の責任で発生した事態に対して緊急対応の審議を使ってはならない**ことになっています。たとえば、当初は速やかに終わると思っていた審議が、議事進行に不備があって差戻しを受けた場合などです。

　また、会議の責任によって発生した事態でなくても、通常の審議を行う時間的な余裕があるならば緊急対応は適用できません。時間があるならば討論は短縮すべきではないからです。

　もちろん、「緊急に対応すべき事態」ではないにもかかわらず、審議を短縮する目的で緊急対応を利用してはなりません。

# 04 緊急対応の報告書

　緊急対応は会議の責任ではない理由により発生するものなので、いつどのような問題が発生するかを予測することはできません。しかし、一度経験した緊急対応のノウハウを蓄積しておけば、もしふたたび同じ事態が発生した場合は速やかな対応をとることが可能となります。
　したがって本規則では、緊急対応の審議を行った場合、採決期間終了後から原則として **4週間以内** に緊急対応の報告書を作って会議に報告することを定めています。

　報告書は緊急対応の議案提出者が作りますが、もし何らかの事情で議案提出者が担当できない場合は、会議において代理の作成者を決めなくてはなりません。いずれにしても、下記の内容を含む報告書が必要となります。

① 　緊急対応の内容
② 　通常の対応が行えなかった理由
③ 　次回対応時の改善案

　なお、報告書は１人で作らなければならないということではありません。作成者が中心となって取りまとめを行いますが、内容の検討は会議全体で行います。特に、「次回対応時の改善案」は協議で意見を出し合って決めることを推奨しています。

## コラム　最低投票率は設定すべきか？

「最低投票率」という言葉をご存知でしょうか？　最近では国民投票法案の制定にあたって国会でも取り上げられたため、聞き覚えのある方もいらっしゃるかもしれません。

　最低投票率とは、あらかじめある一定の投票成立ラインを設定しておき、投票率がそのラインを下回った場合は投票自体を無効にするという制度です。たとえば、最低投票率が50％と規定された選挙において、実際の投票率が49％しかなかったとすれば、選挙そのものが無効になってしまうのです。

　最低投票率は、有権者のごく一部だけの投票で物事が決まってしまうことを防ぐという意味で有効な制度です。しかし、問題点もあり、必ずしも導入すればよいというものでもありません。

　本規則を制定するにあたっても最低投票率の導入は検討しましたが、結局のところ導入は見送ることになりました。それは、「最低投票率は不投票を誘発する」という問題点によるものです。

　たとえば、投票権を持つ人物が9名の委員会で、最低投票率を50％に設定したとします。この委員会は残念ながら出席率があまりよくなく、2人の委員はいつも審議に参加してくれません。今もまた新たな議案が審議されていますが、この2名は今回も不参加のようです。

　今回の審議は賛否が割れており、現状は賛成が4人、反対が3人という状況です。このままいくと賛成4票・反対3票・不投票2票で可決となりますが、ここで反対派の3人が策を講じ、「不投票作戦」をとること

にしました。つまり、あえて反対票を投じずに不投票とするのです。

　その結果、この審議は賛成4票・反対0票・不投票5票という結果で終わりました。一見すると賛成多数で可決しているように見えますが、この委員会には「最低投票率50％」というルールがあります。この例では投票率が44％ほどしかないため、投票自体が不成立で議案は廃案となってしまうのです。

　反対派からすると、議案を否決することと廃案にすることに大きな差はありません。この例では、本来は「どちらの結論になってもよい」と投票を放棄した人たちの票を、廃案という形で反対勢力に取り込むことができてしまいました。

　もちろん、国民投票のような大規模な投票では反対派が示し合わせて不投票作戦を行うのは難しいでしょう。しかし、本規則は多くても20名ほどの会議を対象としたものです。この例のように数名が示し合わせて行動するだけで結論が変わり得るため、最低投票率は導入しないという結論となっています。

# テキスト議事法 1.0 版

# テキスト議事法 1.0 版

## 第1章　総則

**第1条　テキスト議事法**

1　本書は、テキスト会議を運用するための規則を定めた「テキスト議事法 1.0 版」（以降、「本規則」と呼ぶ）を定義するものである。

2　本書において「会議」と表記した場合、特に断りがない限り本規則を適用した会議を指すものとする。

3　テキスト議事法には、改定により複数の版が存在する場合がある。テキスト議事法を採用する場合は、必ず版番号を指定する。

**第2条　テキスト議事法の基本理念**

1　テキスト議事法は下記の基本理念のもとに制定する。

・整備された規則があれば、会議は効率化できる
・目先の面倒を受け入れ、将来の面倒を回避する
・声の大きさではなく、意見の正しさを重視する
・機会平等を尊重し、結果平等は求めない
・最大限の権利と、最低限の罰則

2　前項の規定は「理念」であって「規則」ではない。会議の参加者が遵守すべきは、具体的な「規則」である。

**第3条　本規則の適用と撤廃**

1　本規則を会議に適用することの決定は、本規則によらず行う。

2　本規則を会議から撤廃することの決定は、本規則が適用される会議

によって行う。ただし、本規則を適用する時点で別の撤廃方法を定めていた場合はこの限りではない。

**第4条　本規則の変更**

1　本規則において「原則」と明記された部分は、会議において3分の2以上の賛成が得られれば変更することができる。本書では、「原則」に該当する部分を角形括弧［　］により表記する。

2　本規則で規定された内容は、「原則」の部分を除き、部分的に内容を変更して会議に適用してはならない。

**第5条　オンライン会議室**

1　会議は、電子掲示板やグループウェアなどのソフトウェア（以降、「オンライン会議室」と呼ぶ）を使用して行う。

2　使用するオンライン会議室は、下記の機能もしくはその代替機能を有していなくてはならない。

①　トピック（スレッド）形式での投稿機能

②　トピックに対する返信機能

③　投票機能

3　使用するオンライン会議室は、本規則によらず決定できる。

**第2章　会議の構成**

**第1条　会議での役割**

1　会議は、議長・委員・監査人・有識者の役割を持つ人物（以降、総じて「参加者」と呼ぶ）で構成される。このうち、議長・委員・監査人は必須の役割とする。

2　前項の役割を誰が担うかは、本規則によらず決定できる。

3　本規則における役割の呼称はあくまでも会議において使用するものであり、組織における役職名と一致している必要はない。

4　会議での役割は、本規則に従って代行を行う場合を除き、兼務することはできない。


**第2条　会議の進め方**

1　会議は、審議・協議・報告をくり返すことで進行する。詳細は「審議」および「協議と報告」の章で規定する。


**第3条　議長**

1　議長は、会議の代表者として主に議事進行を担う役割である。

2　議長は1名のみとする。

3　議長は審議において下記の権限を持ち、同時に責務を担う。詳細は「審議」および「採決」の章で規定する。

　①　議事進行

　②　議長裁定

　③　決定投票（ただし、選出形式の採決においては通常投票）

4　議長は、不在時に議長の役割を代行させるため、委員の中から1名以上の議長代行者を指名しておかなくてはならない。なお、複数名の議長代行者を指名する場合は優先順位をつけるものとする。


**第4条　委員**

1　委員は、議論や投票などを行う会議の中心的な役割である。

2　委員は3名以上で構成しなくてはならない。

3　委員は審議において下記の手続きを行う権限を持ち、同時に責務を担う。詳細は「審議」の章で規定する。

① 議案の提出および修正

② 討論

③ 動議または要求の提出

④ 賛同

⑤ 投票

4　委員は、審議において、議長が一定期間議事進行を行わない場合に限り議事進行を行う権限を持つ。詳細は「審議」および「採決」の章で規定する。

5　委員は、議長が代行者を指名しないまま不在となった場合、または議長と議長代行者がともに不在となった場合、原則として［抽選］により議長代行者を決定しなくてはならない。

6　議長代行者を務める委員は、代行する期間においてのみ議長としての権利を持ち、かつ委員としての権利が無効化される。

## 第5条　監査人

1　監査人は、会議が本規則通りに進行されていることを監査する役割である。

2　監査人は通常、会議において発言することができない。ただし、下記いずれかの場合には自ら発言を行うことができる。

① 会議において本規則に反した行為があり、その行為を正すために発言が必要と監査人自身が判断した場合

② 議長または委員から発言を求められた場合

3　監査人は、会議において発生した違反行為の内容を、会議の参加者へ告知する権限と責務を持つ。詳細は「監査」の章で規定する。

4　監査人の役割はあくまでも監査であり、違反行為が認められた場合であっても、監査人の権限により審議の停止や採決の無効化を行うことはできない。

**第6条　有識者**

1　有識者は、会議において専門的な知識を必要とする場合に議長や委員を補助するための役割である。

2　有識者は、専門的な知識を必要とする審議においてのみ会議への参加を許可される。具体的にどの審議が専門的な知識を必要とするかは、会議により決定する。

3　有識者は、議長または委員から意見を求められた場合のみ会議において発言することができる。

4　有識者の役割はあくまでも専門的な知識を補助的に提供することであり、会議における意思決定に参加することはできない。


# 第3章　審議

## 第3章の1　審議の構成

**第1条　審議の構成**

1　審議は、会議において意思決定を行う際に採る手続きである。

2　審議は下記の手続きを経て進行する。

　①　議案　　…審議対象となる議案を提出する手続き

　②　賛同者　…提出された議案に対し、賛同者を募る手続き

　③　討論　　…議案の内容を議論する手続き

　④　動議　　…審議の内容を変更するための手続き

　⑤　要求　　…審議における要望を述べるための手続き

　⑥　差戻し　…審議の手続きに瑕疵があった場合、瑕疵が発生する直前まで戻ってやり直す手続き

⑦　議長裁定…審議を円滑に進める目的で議長により執り行われる手続き

⑧　採決　　…議案の採否を決めるために投票を行う手続き

3　前項の手続きを進めるため、議長または代行が議事進行を行う。議事進行の詳細は、上記各項の詳細とともに規定する。

## 第3章の2　議案

## 第1条　議案の体裁

1　議案は、下記いずれかの形式となっていなくてはならない。それぞれの形式の詳細は「採決」の章で規定する。

①　賛成・反対の形式で意思表示ができるもの（以降、「賛否形式」と呼ぶ）

②　候補案から1つないし複数の候補を選出できるもの（以降、「選出形式」と呼ぶ）

2　議案は「〜する」や「〜を行う」という形で、可決された際にとるべき行動が明確に記載されていなくてはならない。

3　議案は疑問形であってはならない。

4　議案は否定形であってはならない。ただし、これは議案の文面が否定形であってはならないということであり、否定的な内容の議案を禁止するものではない。

5　議案は提出者自身が賛成できるものでなくてはならない。

6　議案は本規則に反するものであってはならない。

## 第2条　議案の修正

1　議案提出者は、賛同者の募集期間中または討論期間中であれば、自らが提出した議案を修正することができる。

2　議案の修正はあくまでも「修正」の範囲に留めるものとし、当初の
　内容を大幅に変更するものであってはならない。
3　討論期間が終了した議案は修正できないものとする。
4　議案を修正できるのは議案提出者のみとする。


**第3条　議案の取り下げ**
1　議案提出者は、賛同者の募集期間中または討論期間中であれば、提
　出した議案を任意に取り下げることができる。
2　取り下げた議案は否決や廃案として扱われず、再度提出する場合は
　新規の議案として扱う。


**第4条　可決した議案の取消と変更**
1　可決した議案の取消と変更は、本章の「決議事項」で規定する。


**第5条　一事不再議**
1　一度審議において可決した議案は、当該議案が変更または取り消さ
　れない限り、再度議案として提出することはできない。
2　一度会議に提出されて否決または廃案とされた議案は、下記いずれ
　かの条件を満たす場合に限り、再度議案として提出することができる。
　①　否決または廃案が決定した時点から、原則として［半年間］が経
　　過した場合
　②　否決または廃案となった時とは異なる委員が提出し、かつ、あら
　　かじめ必要数の賛同者が得られる目途が立っている場合
3　一事不再議は議案の文面ではなく内容を比較して判断する。議案の
　文面が異なっても内容が同じであれば、一事不再議に該当するもの
　として扱う。

## 第6条　否決された議案の扱い

1　議案を否決したことは、会議において新たな決定を行わなかったことを意味するものであり、議案の逆が肯定されたことを意味しない。

2　議案を否決したことと、議案に書かれた内容を否定する決定を行ったことは、明確に区別しなくてはならない。


## 第3章の3　賛同者

### 第1条　賛同者の手続き

1　提出された議案が討論の対象となるためには、必要数の賛同者がつかなくてはならない。必要数は原則として［議案提出者を除いた委員の2割以上］とし、議案提出者本人は賛同者に含めない。

2　議長は、議案が提出されたら速やかに賛同者を募集する。ただし、委員が賛同者を募ること、ないし賛同者が募集に先立って賛同を表明することを妨げない。

3　賛同者の募集開始から原則として［1週間］以内に賛同者が必要数を満たさない場合、議案は討論を行わず廃案とする。

4　必要な賛同者がそろった議案はその時点で賛同者の募集を終了し、速やかに討論を開始する。


### 第2条　賛同の表明

1　提出された議案を討論の対象とすることに賛同する委員は、その旨を表明する。なお、表明するのはあくまでも議案を討論の対象とすることであり、議案の内容に賛成することを表すものではない。

2　賛同者は、自身が賛同した議案に対して反対意見を述べることや、採決において反対票を投じることに何ら制限を受けない。

3　賛同の表明は、賛同者数が必要数を満たす前であれば取り消すこと

ができる。必要数を満たしたあとに取り消すことはできない。

## 第3章の4　討論

**第1条　討論の手続き**

1　委員は、審議において議案またはほかの発言者の意見に対し、自らの意見を述べることができる。この手続きを討論という。

2　討論は、審議対象の議案についての疑問点の解消や、問題点の改善を目的として行う。

3　討論においては、委員はすべて同格の存在とする。役割や年齢などを理由として上下関係を設けてはならない。

4　議長は議事進行のみを行い、討論には参加しない。ただし、委員から意見を求められた場合は発言を行うことができる。

**第2条　討論期間**

1　討論は期間を定めて行わなくてはならない。討論期間は最短討論期間と最長討論期間の範囲で、討論開始時に決定する。

2　最短討論期間は原則として［1週間］、最長討論期間は原則として［4週間］とする。

3　最短討論期間に満たない、もしくは最長討論期間を超える討論期間を設定してはならない。

**第3条　討論の開始と終了**

1　討論は、議案に対して必要数の賛同者が得られた際に、議長が討論期間の指定とともに開始を宣言することで開始する。

2　前項の規定に関わらず、議案が必要数の賛同者を得てから原則として［2日間］が経過しても議長が討論開始の宣言を行わない場合、委

員は代理で討論期間の指定と討論開始の宣言を行うことができる。

3　討論は、指定された討論期間が終了した時点で自動的に終了する。

**第4条**　討論における注意

1　討論は議案に沿って行わなくてはならず、議案と無関係な、もしくは関係性が極めて薄い発言をしてはならない。

2　討論の内容が議案から逸脱した場合、議長は議事進行の一環として、討論の方向性を修正するため発言者へ注意を行わなくてはならない。ただし、これは議長のみが注意を行えるということではなく、委員が議長に先立って注意を行っても問題ないものとする。

**第3章の5**　動議

**第1条**　動議の手続き

1　動議とは、審議の進め方を変更するための手続きを言い、討論期間中に委員が提出できる。

2　動議は1つの審議（以降、「原審議」と言う）を対象とし、複数の審議を対象とする動議を提出することはできない。

3　動議を提出する場合は、動議の種類および提案理由を述べ、原審議の討論期間内に提出しなくてはならない。

4　動議の種類は下記のみとし、独自に動議を拡張することはできないものとする。

① 討論期間変更動議

② 討論休止動議

③ 問い合わせ動議

④ 有識者招集動議

⑤ 発言録公開制限動議

5 　動議は可決するまで原審議に影響を与えず、動議の採決中であって
も原審議の討論は継続する。ただし、動議に必要数の賛同者がついた
あとに討論期間が終了した場合は、動議の採否が決定するまで原審議
の採決を保留する。

6 　動議には一事不再議の規則を適用しない。同一の審議に対して同じ
動議を複数回提出してもよいものとする。

**第2条　動議の賛同者**

1 　動議が採決されるには、審議と同様の基準による賛同者が必要とな
る。ただし、賛同者が必要数に達する前に原審議の討論期間が終了し
た場合、賛同者の募集期間に関わらず動議は廃案とする。

2 　動議提出者は、賛同者が必要数を満たす前であれば自らが提出した
動議を任意に取り下げることができる。

**第3条　動議の採決**

1 　必要数の賛同者を得た動議は、討論期間を設けず直ちに採決する。
ただし、採決期間中に議論を行うことは妨げない。

2 　動議の採決は、提出対象となった審議の採決形式に関わらず賛否形
式の採決とし、その可決ラインは過半数とする。

3 　動議は可決の採決結果が宣言された時点で有効となり、原審議に動
議を適用しなくてはならない。

4 　本条に記載のない採決の手続きについては、審議における議案の採
決と同様とする。

**第4条　討論期間変更動議**

1 　討論開始時に定められた討論期間の変更を望む場合、討論期間変更
動議を提出することができる。

2　討論期間変更動議を提出する場合、最短討論期間と最長討論期間の間で、動議提出者が新たな討論期間を提示しなくてはならない。

3　討論期間変更動議が可決した時点で原審議の討論期間が変更される。ただし、原審議の討論がすでに変更後の討論期間を超えて行われていた場合、討論期間は直ちに終了とする。

## 第5条　討論休止動議

1　進行中の討論を一時的に休止したい場合、討論休止動議を提出することができる。

2　討論休止動議を提出する場合、動議提出者は休止期間を提示しなくてはならない。この際、休止期間は最長討論期間を超えていてもよい。

3　討論休止動議が可決した場合、提示された休止期間の間は討論を行ってはならない。休止期間の終了後、休止期間の分だけ討論期間を延長したうえで討論が再開される。

## 第6条　問い合わせ動議

1　討論中の議案について会議の外部へ問い合わせする必要がある場合、問い合わせ動議を提出することができる。

2　問い合わせ動議を提出する場合、動議提出者は問い合わせ先と問い合わせ内容を提示しなくてはならない。

3　問い合わせ動議が可決した場合、会議は提示された内容で問い合わせを行わなくてはならない。また、問い合わせに対して回答があった場合、会議に報告しなくてはならない。

4　問い合わせ動議は討論期間に影響を与えない。回答を待つため討論を休止する必要がある場合は、併せて討論休止動議を使用する。

## 第7条　有識者招集動議

1　討論中の議案について有識者の参加を求める必要がある場合、有識者招集動議を提出することができる。

2　有識者招集動議を提出する場合、動議提出者は招集対象の有識者名とその理由を提示しなくてはならない。

3　有識者招集動議が可決した場合、当該審議は「専門的な知識を必要とする審議」とみなし、有識者を審議に参加させなくてはならない。


## 第8条　発言録公開制限動議

1　討論中の審議を発言録の公開対象外とする必要がある場合、発言録公開制限動議を提出することができる。

2　発言録公開制限動議が可決した場合、当該審議は発言録の公開対象から除外しなくてはならない。

3　発言録の詳細は、「発言録」の章で規定する。


## 第3章の6　要求

## 第1条　要求の位置づけ

1　要求とは、ほかの参加者に対して特定の行動をとることを望む場合に行う手続きであり、委員が提出できる。

2　要求は自分の希望を述べるだけのものであり、本質的には討論における意見表明の1つにすぎない。ただし、ほかの参加者に対して明確に望む行動がある場合には、通常の意見とは区別する意味で要求の手続きを使用する。

3　要求の内容は、本規則に反しない限り特段の制限を行わない。


## 第2条　要求の手続き

1　要求は、要求であることを明示したうえで討論期間中に意見を述べ

ることによって行う。

2　要求は意見の1つであり、賛同者等の手続きは必要としない。

3　要求に対応するか否かは、要求を受けた当人が決定する。要求への対応は義務ではなく、回答も必須ではない。

4　要求に沿って行動をする場合であっても、行動の責任は行動した人物本人にある。


**第3条　要求における禁止事項**

1　要求はあくまでも希望を明確に表明するための手続きであり、ほかの参加者に対して行動を強要するものであってはならない。

2　本規則に反する行為を要求してはならず、また、要求を受けたからといって本規則に反する行為をしてはならない。


## 第3章の7　差戻し

**第1条　差戻しの手続き**

1　審議の手続きにおいて本規則に反する行為が認められた場合、委員は差戻しの手続きをとることができる。

2　差戻しの提出者は違反のあった手続きを明示するとともに、正しい手続きを提示しなくてはならない。また、複数の手続きをまとめて差戻しの対象とすることはできない。

3　差戻しが提出できるのは、差戻しの対象となる審議において議案が提出された時点から採決期間が終了するまでの間とする。ただし、採決の手続きに違反行為が認められた場合に限り、採決期間終了時点から原則として［3日間］以内であれば差戻しの手続きをとることができる。

4　差戻しが可決すると対象となった手続きは破棄され、審議はその直

前の状態まで差し戻される。この際、破棄された手続きのあとに別の
手続きが実施済みであった場合は、併せて破棄される。


**第2条　差戻しの賛同者**

1　差戻しが採決されるには、審議や動議と同様の基準による賛同者が
必要となる。

2　差戻しの提出者は、必要数の賛同者がそろう前であれば自らが提出
した差戻しを任意に取り下げることができる。


**第3条　差戻しの採決**

1　必要数の賛同者を得た差戻しは、討論期間を設けず直ちに採決する。
ただし、採決期間中に議論を行うことは妨げない。

2　差戻しの採決は、対象となった審議の採決形式に関わらず賛否形式
の採決とし、その可決ラインは3分の2以上とする。

3　差戻しは可決するまで審議に影響を与えない。

4　本条に記載のない採決の手続きについては、審議における議案の採
決と同様とする。


**第4条　差戻しにおける禁止事項**

1　差戻しが使用できるのは、あくまでも本規則に反する手続きが認め
られた場合のみである。審議のやり直しや審議時間の引き延ばしを目
的として使用してはならない。


**第3章の8　議長裁定**


**第1条　議長裁定の位置づけ**

1　議長裁定は、審議を円滑に進める目的で、一部の手続きを議長の裁

量により簡略化して実行できるようにした手続きである。

2　議長裁定はあくまでも手続きの簡略化であり、議長裁定によってのみ実施可能な手続きは存在しない。

3　議長裁定の対象は下記のみとし、範囲を拡張することはできないものとする。

① すべての動議

② 有識者の招集

③ 発言録公開の制限


**第2条　議長裁定による動議**

1　本章の「動議」で規定したすべての動議は、議長裁定により採決することなく適用することができる。

2　議長裁定による動議は、賛同者も必要としない。議長裁定が実施された時点で動議が可決した場合と同じ結果を適用する。


**第3条　動議以外の議長裁定**

1　議長裁定では、有識者招集動議と同様の手続きを討論期間以外にも実行することができる。この場合、討論期間以外であっても有識者が審議に招集される。

2　前項の規定は、発言録公開制限動議についても準用する。この場合、討論期間以外であっても発言録の公開制限を行うことができる。


**第4条　議長裁定に対する異議**

1　委員は、議長裁定における判断と自身の意見が異なる場合、異議を提出することができる。

2　議長裁定への異議は差戻しの手続きとは異なり、本規則に反していなくとも提出することができる。

3　異議が可決した場合、議長裁定は破棄される。この場合、審議は差
　戻しが成立した場合と同様に、議長裁定が行われる直前まで差し戻さ
　れる。

4　異議が提出できるのは、議長裁定が実行された時点から原則として
　［3日間］以内とする。

**第5条　異議の賛同者および採決**

1　異議の賛同者および採決は、差戻しにおける賛同者および採決の規
　定を準用する。ただし、可決ラインは過半数とする。

**第3章の9　決議事項**

**第1条　決議事項の位置づけ**

1　決議事項とは、採決を経て可決が決定した議案のことを指す。

2　決議事項となった議案は会議全体の意思決定事項として扱う。

3　会議の参加者は、決議事項に従わなくてはならない。決議事項に反
　することは、本規則に反する行為とみなす。

**第2条　決議事項の取消と変更**

1　決議事項の取消は、決議事項を取り消す旨の議案が提出され、賛否
　形式の審議によって可決することで行う。

2　決議内容の変更は、変更前と変更後の決議内容が明記された議案が
　提出され、賛否形式の審議によって可決することで行う。

3　決議事項の取消および変更は、いずれも可決ラインを3分の2以上
　とする。

**第3条　取消または変更された決議事項の扱い**

1　決議事項は、取消または変更の議案が可決した時点で効力を失う。ただし、変更の場合は同時に変更後の決議事項が効力を得る。

2　決議事項は、遡及的に取消または変更することはできない。したがって、取消または変更の議案が可決したとしても、その時点まで決議事項が有効だった事実が消えることはない。

3　有効な決議事項に沿って行われた行動は、あとになって決議事項が取消または変更されたとしても、違反行為として扱ってはならない。

## 第4条　不備のある決議事項

1　審議の過程で不備に気づかないまま議案が可決された場合、委員は不備に気づいた時点で速やかに決議事項の取消または変更の手続きをとらなくてはならない。

2　不備のある決議事項は、取消または変更の手続きが可決するまでは有効とする。ただし、この規定を利用して意図的に不備のある決議事項を放置してはならない。


# 第4章　採決

## 第4章の1　採決の構成

### 第1条　採決の位置づけ

1　採決は、審議において討論を経た議案の採否を決定するための手続きである。採決は規定が多いため便宜的に章を分けているが、手続きとしては審議の一部である。

2　議案に対する採決は、必ず討論のあとに行う。議案に対し、討論を経ずに採決を行ってはならない。

3 採決の対象は「議案」のみであり、審議の過程で出た意見や議案の説明等を採決の対象に含めてはならない。

4 採決での投票は議長および委員が行う。ただし、議長の投票は決定投票の規定に従わなくてはならない。


**第2条** 採決の種類

1 採決は、「賛否形式の採決」と「選出形式の採決」のいずれかを選択して行う。詳細はそれぞれ本章において後述する。


**第3条** 記名投票と無記名投票

1 本規則における採決は記名式による投票とする。ただし、事前に条件を定めておくことで、条件を満たす審議の採決を無記名投票に変更することができる。

2 無記名投票とする具体的な条件は、本規則では特に指定しない。必要に応じて会議により決定するものとする。

3 無記名投票の条件に該当する審議は、遅くとも採決期間開始の宣言までに、会議においてその旨が周知されていなくてはならない。もし周知されないまま投票が開始された場合、たとえ無記名投票の条件を満たす審議の採決であっても記名投票を行うものとする。

4 無記名投票の条件が変更された場合でも、すでに開始された採決、およびすでに完了した採決には適用されない。


**第4条** 投票理由

1 投票でどのような意思表示を行うかは、投票を行う本人が決定する。他人に特定の意思表示を強制してはならず、また、自身の意思決定を他人にゆだねてはならない。

2 投票理由を開示するか否かは本人の判断にゆだねるものとする。

3　前項の規定に関わらず、委員が討論において意見を述べないまま投票を行った場合、投票理由を説明しなくてはならない。

## 第5条　電子投票箱

1　採決で使用する投票箱はオンラインで投票できる形式（以降、「電子投票箱」と呼ぶ）とし、採決期間中は投票を行う参加者が常時アクセス可能でなくてはならない。

2　本規則で使用する電子投票箱は、採決期間中に票数が確認できる形式とする。ただし事前に条件を定めておくことで、条件を満たす審議の採決については開票するまで票数を確認できない電子投票箱に変更することができる。

3　前項の具体的な条件は、本規則では特に指定しない。必要に応じて会議により決定するものとする。

## 第6条　採決期間

1　採決期間は原則として［7日後の当日いっぱいまで］とし、議長により採決開始が宣言された時点から採決期間が開始したものとする。ただし、原則として［2日間］が経過しても議長が採決開始の宣言を行わない場合、委員は代理で採決開始を宣言できる。

2　採決期間中であっても、全員が投票を完了した時点で採決期間は終了とする。

3　討論期間が終了してから採決開始が宣言されるまでの間に先行して投じられた票は、有効なものとして扱う。

4　採決期間終了後に投じられた票は、その理由に関わらず無効とする。

## 第7条　採決結果の宣言

1　採決結果が決定した場合、議長は票数とともに結果を宣言しなくて

はならない。可決の場合はこの時点から議案が有効となる。ただし、原則として［2日間］が経過しても議長が採決結果の宣言を行わない場合、委員は代理で採決結果を宣言できる。

2　採決期間中に票数が確認できる電子投票箱を使用している場合、採決期間中であっても採否が決定した時点で宣言を行わなくてはならない。

3　採決期間中に宣言を行ったか否かに関わらず、議長は採決期間終了後に票数および各人の投票先を最終結果として報告しなくてはならない。ただし、採決が無記名投票で行われた場合は票数のみを報告すればよい。

## 第8条　投票先の変更

1　委員は、採決結果の宣言が行われる前であれば自らの投票先を変更することができる。ただし、変更する理由を述べなくてはならない。

2　採決結果の宣言が行われたあとは、いかなる理由があっても投票先を変更してはならない。採決期間中に採決結果が宣言された場合も同様とする。

## 第4章の2　賛否形式の採決

## 第1条　投票方式

1　賛否形式の採決は、討論対象となった議案に対し、「賛成」「反対」および「棄権」のいずれかの意思表示を行う投票方法である。

2　議案に対し、部分的な賛成や部分的な反対はできない。賛成票を投じた場合、議案の内容にすべて賛成したものとみなす。

3　委員は1回の採決において1回の投票を行う権利を持つ。

4　採決期間終了までにいずれの意思表明も行わなかった場合、不投票

210

として扱う。

**第2条** 可決ライン

1 賛否形式の採決における可決ラインは「過半数」または「3分の2以上」のいずれかとし、特に規定がない限りは「過半数」を適用する。

2 過半数による可決とは、賛成票が反対票を1票以上上回った状態を指す。賛否同数は過半数とはみなさない。棄権票および不投票は考慮せず、賛成票と反対票のみを比べて判断する。

3 3分の2以上による可決とは、賛成票が、賛成票と反対票を合計した数値の3分の2に達した状態を指す。「3分の2以上」とは3分の2ちょうどの場合も含む。

4 過半数・3分の2いずれの場合でも、可決ラインを小数としてはならない。計算の結果が小数となる場合、小数点以下を切り上げた数字を可決ラインとする。

**第3条** 決定投票

1 議長は、採決が下記をすべて満たす状態の場合のみ投票を行う。

① 採決期間が終了していること

② 議長が投票を行うことにより、可決・否決が変わり得ること

2 前項に規定した投票を「決定投票」と呼び、決定投票を行う権利を「決定投票権」という。

3 決定投票は棄権することができる。

4 一定期間が経過しても議長が決定投票を行わなかった場合、議長は決定投票を棄権したものとみなす。ここでの一定期間は、原則として［2日間］とする。

5 決定投票による投票は、通常の投票と同様に可決ラインの判定に含むものとする。

## 第4章の3　選出形式の採決

### 第1条　選出形式の採決の構成
1　選出形式の採決とは、列挙された複数の候補（以降、「選出対象」と呼ぶ）を特定数（以降、「選出枠」と呼ぶ）まで絞り込むための投票方法であり、下記2種類の手続きを必要とする。
　①　賛否形式の採決と同様の手続きで、議案自体の賛否を決定する。
　②　議案自体が可決となった場合、選出対象の絞り込みを行う。
2　前項における2種類の手続きは、同一の採決期間中において同時に実施する。
3　選出形式の採決を利用する場合、議案には選出対象および選出枠が明記されていなくてはならない。

### 第2条　選出対象の絞り込み
1　議案自体が可決となった場合、選出対象の絞り込みを行う。
2　議長および委員は、議案自体に賛成したか否かに関わらず、選出対象の中から選出枠の数だけ対象を選ぶことができる。
3　選出対象の選択で使用する投票方式は原則として［完全連記制］とし、議長および委員はこの方式で選択対象に対して投票を行う。
4　選出対象は、採決期間終了時点で得票数が高かった順に順位づけされ、順位が高い方から選出枠の数だけ選出されたものとみなす。
5　得票数が同数だった場合は、原則として［議長によるくじ引き］により順位を決定する。ただし、使用する投票方式の規定により同数の扱いが定められている場合は、投票方式による規定を優先する。

### 第3条　議長による投票
1　議案自体の採決においては、議長は賛否形式の採決と同様の基準で

決定投票を行う。

2　選出対象の絞り込みは決定投票の対象外とし、議長もほかの投票者と同様の手続きで投票を行うものとする。

## 第5章　協議と報告

### 第5章の1　協議

#### 第1条　協議の位置づけ

1　協議とは、議案や期間を定めずに行われる話し合いの全般を指す。相談や雑談なども協議の一種である。

2　協議での話し合いには議長および委員が参加する。監査人は、協議でも審議と同様に監査を行うものとし、話し合いには参加しない。また、有識者は協議には参加しない。

#### 第2条　協議の構成

1　協議は議長または委員が任意に開始することができ、賛同者も必要としない。

2　協議は話し合いの主題を定めて行う。主題は議案のように明文化されたものではなく、漠然とした題材でもよい。

3　協議では明確な協議期間は設けず、協議を開始した人物が終了を宣言するまで継続する。ただし、原則として［30日間］以上発言がなかった協議は、自動的に終了したものとして扱う。

4　終了した協議の主題をふたたび扱う場合は、終了した協議を継続させるのではなく、新たな協議を開始しなくてはならない。この際、新たな協議を開始する人物は終了した協議を開始した人物と異なっていてもよい。

**第3条　審議との区別**

1　協議の期間を審議の討論期間に算入してはならない。また、協議と審議は明確に区別されていなくてはならない。

2　協議において他者が話した内容を、当人の許可なく審議に持ち込んではならない。

3　審議を経ず、協議だけで採決を行ってはならない。ただし、協議の過程において、アンケートなどの形式で意思確認を行うことを禁止するものではない。

**第4条　協議における禁止事項**

1　協議は自由度の高い話し合いを認めているが、会議の一部である。したがって、協議においても「禁止行為」の章の規定は適用される。

2　協議における言動は、懲罰の対象となる。

**第5章の2　報告**

**第1条　報告の位置づけ**

1　報告は、会議に対して情報を共有する手続きである。

2　報告は、監査人や有識者も含めたすべての参加者が行うことができる。

3　報告はあくまでも情報共有の手段であり、議論の手段ではない。報告内容に対して議論が必要となる場合は、別途協議ないし審議を開始しなくてはならない。

**第2条　報告における禁止事項**

1　報告においても「禁止行為」の章に規定された事項は適用される。
2　報告における言動は、懲罰の対象となる。


## 第6章　監査

**第1条　監査の構成**
1　監査とは、会議が本規則に則って適切に進行されていることを保証するため、監査人が会議の内容を監督し検査することをいう。
2　監査は会議における問題点を解消するために行うものであり、監査で問題が認められたからといって、監査人の権限で懲罰を科すことはできない。


**第2条　監査結果の告知**
1　会議の進行に問題が見受けられた場合、監査人は下記いずれかの方法を用いて問題点の説明を行わなくてはならない。
　①　会議の場において監査人が自ら発言し、問題点を説明すること。
　②　議長に書面または電子文書を送付することにより、問題点を説明すること。
　③　参加者の全員または一部のみに対して監査人が個別に連絡をとり、問題点を説明すること。
2　前項で規定された告知方法は、監査人が必要と判断した場合、複数の方法を同時または順次使用することができる。
3　監査人が議長に問題点を説明した場合、議長は議事進行の一環として、委員に内容を周知しなくてはならない。


**第3条　監査結果の上申**
1　監査結果を会議に告知してもなお問題点が解消しない場合、監査人

は、会議を主宰する組織へ問題点を上申することができる。

2　本条の手続きがとられた場合、問題点は本規則の範疇を超えたものとみなし、以降は本規則によらず解決を図るものとする。


**第4条　依頼による監査**

1　監査人は、自らの判断のほか、他者からの依頼によって監査を行うことができる。

2　監査人は、依頼された内容を精査して対応を決定する。依頼内容は必ずしも履行しなければならないということではなく、監査人の判断によって対応なしとしてもよい。

3　監査の対応方針や監査結果を決定する権限は監査人にある。依頼者は監査人に監査を強要してはならない。


**第5条　監査人に対する懲罰**

1　監査人は会議を構成する役割の1つであり、ほかの役割と同様に懲罰の対象となる。

2　懲罰の詳細は「懲罰」の章で規定する。


## 第7章　禁止行為

**第7章の1　手続き上の禁止行為**

**第1条　本規則に反する行為の禁止**

1　本規則に規定された内容はすべてが規則と原則であり、会議においてこれらに反する行為をしてはならない。

2　本規則は会議における規則である。本規則が適用されるのはあくま

でも会議の中だけであり、会議外での規則と混同してはならない。

**第2条** 法令等に反する行為の禁止

1　会議は、国・地域・都市等における法令等を遵守して開催されなくてはならず、参加者は、会議において法令等に反する行為をしてはならない。

**第3条** 決議事項に反する行為の禁止

1　決議事項は会議全体の意思決定事項であり、会議の参加者は決議事項に反する行為をしてはならない。

2　前項の規定に関わらず、決議事項を取消ないし変更することを目的として審議または協議を行うことは、決議事項に反する行為とはみなさない。

**第7章の2**　議論における禁止行為

**第1条**　個人への批判の禁止

1　会議において批判的な意見を発する場合、それは議案または意見に対するものでなくてはならず、その議案や意見を提出した個人の人格や資質を批判してはならない。

2　前項の規定に関わらず、懲罰の審議においては、懲罰の対象となる人物に対する評価を述べることができる。

**第2条**　建設的でない批判の禁止

1　会議における批判は議論されている案をより良くするために行うものであり、改善点を述べずに批判してはならない。

2　内容の如何を問わず、同じ批判を何度もくり返してはならない。

**第3条** 粗暴な表現の禁止

1 会議は互いに意見を出し合うために行うものであり、粗暴な表現により相手を委縮させるような発言をしてはならない。

2 議論は必ずしも敬語を使用する必要はないが、丁寧な表現となるよう心がけなくてはならず、乱暴な言葉を使用してはならない。

**第4条** 質問の濫用禁止

1 質問は情報を整理して議論を促進させるために行うものであり、議論を妨げるために行ってはならない。意図せずに議論の妨げとなっている場合も同様とする。

2 質問への回答は義務ではない。質問に回答しないことを理由として議案に反対することは問題ないが、質問への回答を強制してはならない。

**第5条** 発言の抑圧禁止

1 会議の参加者は、本規則によって認められた範囲において自由に発言する権利を持つ。したがって、他者の発言を抑圧するような表現をしてはならない。

2 発言の内容がどのようなものであっても、本規則に反しない限り、発言したこと自体を批判してはならない。

**第6条** 虚偽情報の禁止

1 会議では正しい情報を用いて議論を行うべきであり、意図的に虚偽や誤った情報を持ち込んではならない。

2 意図的ではなく虚偽や誤った情報を持ち込んでしまった場合は、そ

の情報が虚偽や誤りと判明した時点で、発言者は直ちに訂正を行わなくてはならない。


# 第8章　懲罰

## 第8章の1　懲罰の構成

### 第1条　懲罰の手続き

1　参加者が本規則に反する行為をした場合、当該人物（以降、「懲罰対象者」と呼ぶ）に対する懲罰を決定することができる。

2　懲罰の種類は下記いずれかとする。詳細は本章の「懲罰の種類」で規定する。

　①　戒告
　②　譴責
　③　会議への一時的な参加禁止
　④　会議での役割の剥奪

### 第2条　懲罰の審議

1　懲罰は、審議を行ったうえで賛否形式の採決により決定する。

2　懲罰対象者は、自身の懲罰を決める審議に参加できないものとする。ただし、次条に規定する「弁明」の手続きを行うことはできる。

3　懲罰対象となる人物が議長の場合、懲罰の審議では代行者が議長を務める。

4　懲罰の採決においては、適用する懲罰が戒告または譴責の場合は過半数、会議への一時的な参加禁止および会議での役割の剥奪は3分の2以上を可決ラインとする。

**第3条　弁明**

1　懲罰の審議において討論が開始した場合、議長は懲罰対象者に対し議案の内容を伝えたうえで、弁明書の提出を求めなければならない。

2　懲罰対象者は議案の内容に対し、弁明の形で自らの意見を述べることができる。

3　弁明書の提出期限は、原則として［討論開始時に決定した討論期間終了時点まで］とし、提出期限を迎えても弁明書が提出されない場合、弁明はないものとみなす。


**第4条　懲罰の適用範囲**

1　本規則における懲罰は、あくまでも会議への参加に対して制限をかけるものであり、会議の範疇を超える処罰（組織における役職の剥奪などを想定するが、これに限らない）を与えるものではない。

2　前項の規定は、会議の範疇を超える処罰を決定するために本規則を利用してはならないということではない。ただし、会議の範疇を超える処罰は、本規則における懲罰ではなく通常の審議の1つとして扱うものとする。

3　懲罰は、当人へ書面または電子文書により告知された時点から効力を発する。ただし、懲罰の審議が可決してから当人に告知されるまでの間に、懲罰を適用するための準備を行うことを禁止するものではない。


**第5条　懲罰の公開**

1　懲罰が適用された場合、その事実は理由とともに会議において公開されなくてはならない。

2　懲罰の事実は、下記いずれかの方法で公開しなくてはならない。

　①　書面または電子メール等により、参加者へ直接送付する方法

②　書面または電子文書を、参加者が閲覧できる場所へ掲示する方法

3　前項において掲示による公開方法が選ばれた場合、公開期間は懲罰の軽重に関わらず原則として［3か月間］とする。

## 第6条　懲罰の変更と取消

1　懲罰の変更と取消は、通常の決議事項を変更ないし取り消す手続きと同様にして行う。

2　懲罰が取り消された場合、取消が決定するまでに発生していた懲罰に対する補償は行わない。変更によって懲罰が軽減された場合も同様とする。

## 第7条　懲罰の手続きにおける禁止事項

1　1回の違反行為に対して複数回の懲罰を与えてはならない。ただし、過去に違反行為をした人物が再度同様の行為をした場合、再度の違反であることを理由として重い懲罰を科すことを禁止するものではない。

2　懲罰は、明確に違反行為が認められた場合にのみ科すことができる。違反行為の「恐れがある場合」や違反行為に「近い場合」など、明確に違反といえない行為に懲罰を科してはならない。

## 第8章の2　懲罰の種類

## 第1条　戒告

1　戒告はもっとも軽い懲罰であり、軽度の違反行為が認められたものの、実質的な処分を行うほどではないと判断した場合に科す懲罰である。

2　戒告は会議への参加を制限するものではない。

第2条　譴責（けんせき）
1　譴責は、一定の違反行為は認められたものの、事情を考慮して実質的な処分を行わない場合に科す懲罰である。
2　譴責は会議への参加を制限するものではない。

第3条　会議への一時的な参加禁止
1　会議への一時的な参加禁止は、懲罰対象者を一定期間会議へ参加できなくする場合に科す懲罰である。
2　会議への一時的な参加禁止は、必ず期間を定めて適用されなくてはならない。最長期間は原則として［１年間］とする。

第4条　会議での役割の剥奪
1　会議での役割の剥奪は、懲罰対象者を「会議での役割」から解任する場合に科す懲罰である。
2　会議での役割の剥奪はもっとも重い懲罰であるため、一時的な参加禁止では改善の見込みがない場合など、ほかの懲罰では対応できない場合に限って使用しなくてはならない。

第8章の3　監査人に対する懲罰

第1条　監査人に対する懲罰の特例
1　懲罰対象者が監査人である場合、懲罰対象者は、自らの懲罰を決定する審議に限って代行者を指名することができる。
2　代行者は、「監査」の章で規定された監査結果の告知を行う場合を除き、審議の内容を懲罰対象者に伝えてはならない。
3　懲罰対象者となった監査人は、代行者を指名する権利を放棄するこ

とができる。その場合、懲罰の審議は監査人が欠けた状態で行っても問題ないものとする。

4　代行者を指名できる期間は原則として［弁明の提出期限まで］とし、期限までに代行者を指名しなかった場合、代行者を指名する権利が放棄されたものとみなす。

5　本条の規定は、複数名で構成される監査人のうち１名だけが懲罰対象者となった場合でも同様に適用する。


**第２条**　監査人が欠けた場合の対応

1　会議への一時的な参加禁止または会議での役割の剥奪によって監査人が役割を担えなくなった場合、懲罰対象者である監査人は、原則として［２週間］以内に代行の監査人を指名することができる。

2　参加禁止期間の終了または懲罰の取消等によって懲罰対象者が監査人の役割に復帰した場合、代行者の役割は終了となる。

3　懲罰対象者である監査人が代行者を指名しなかった場合は、会議において代行の監査人を決定しなくてはならない。

4　本条の規定に関わらず、会議を主宰する組織において監査人が欠けた場合の対応が規定されている場合は、組織における規定を優先する。


**第９章　発言録**

**第１条**　発言録の位置づけ

1　会議における発言録は、参加者が投稿した文章をそのまま保存することにより作成する。

2　会議では発言録をもって議事録の代わりとする。ただし、これは議事録を作成してはならないということではない。

3　会議における発言は、審議・協議・報告および監査結果の告知等も含めたすべてが発言録の対象となる。

### 第2条　発言録の公開

1　発言録は、会議の参加者以外にも公開することを前提として作成する。ただし、下記いずれかに該当するものについては発言録の公開対象から除外することができる。

①　動議または議長裁定により、発言録公開制限が適用された審議

②　懲罰の審議における討論

③　次条に規定する「公開対象からの除外」に該当する発言

2　発言録の公開範囲は会議により決定する。ただし、会議を主宰する組織において発言録の公開条件が定められている場合は、組織の定めを優先する。

3　発言録は、原則として［発言が行われてから1週間以内］に公開しなくてはならない。

4　発言録の公開単位は、発言ごととする。したがって、たとえ審議の途中であっても、公開の期限が到来した場合はその時点までの発言を公開しなくてはならない。

5　発言録の公開期間は、原則として［本規則が適用されている限り無期限］とする。

### 第3条　公開対象からの除外

1　発言録は、公開対象から除外する条件を事前に定めておくことで、条件に該当する審議・協議・報告を自動的に発言録の公開対象から除外することができる。

2　具体的な除外対象は本規則では規定しない。必要に応じ、会議において決定するものとする。

3　除外の条件が変更された場合、すでに公開されている発言録についても公開の見直しを行う。ただし、一度非公開と定められた発言録を

公開する場合は、発言を行った当人の許可を得なくてはならないものとする。


# 第10章　緊急対応

**第1条**　緊急対応における特例
1　会議において緊急に対応すべき事態が発生した場合、「審議」および「採決」の章で規定した内容によらず、本章の手続きを用いて審議を行うことができる。
2　「緊急に対応すべき事態」とは、下記すべての条件を満たし、通常の審議では対応が間に合わない事態を指す。
　①　会議の責任によらず発生した出来事であること
　②　突発的な出来事であること
　③　速やかな対応が求められること
3　前項の条件が1つでも欠ける場合、緊急対応を適用してはならない。

**第2条**　緊急対応における手続き
1　緊急対応における審議は、緊急対応であることを明示した議案を提出し、通常の審議と同様に賛同者がつくことで討論を開始する。この際、議案は「賛否形式の採決」でなくてはならない。
2　緊急対応の審議では、討論の開始と同時に採決も開始する。委員は討論に結論が出たと判断した時点で投票を行うことができる。
3　緊急対応の審議では、討論期間は採決期間と同じ期間とする。ただし、採決期間は全員の投票が完了した時点で終了となるため、討論期間もその時点で終了となる。この際、最短討論期間を満たしていなくても問題ないものとする。

4　本章に記載のない手続きについては通常の審議と同様とする。

**第3条**　緊急対応における禁止事項

1　事前に想定していなかった事態であっても、討論の遅延や議事進行の誤りなど、会議の責任によって発生した事態に緊急対応を適用してはならない。

2　突発的な事態であっても、通常の審議を行うための時間がとれる場合は緊急対応を行ってはならない。

3　緊急ではない審議の審議時間を短縮する目的で緊急対応を行ってはならない。

**第4条**　緊急対応の報告書

1　緊急対応を行った場合、採決期間が終了してから原則として［4週間］以内に下記の情報を含む報告書を作成し、会議において報告しなくてはならない。

　①　緊急対応の内容

　②　通常の対応が行えなかった理由

　③　次回対応時の改善案

2　報告書の作成と報告は、会議において内容を検討したうえで、緊急対応の議案提出者が取りまとめを行う。ただし、議案提出者が報告できない事情がある場合は、会議において代理の報告者を決定する。

# 第11章　付則

**第1条**　テキスト議事法の改定

1　テキスト議事法の改定および版番号の追加を行えるのは、テキスト

議事法の発行元だけである。発行元に無断で新たな版を作成すること
は、著作権の侵害にあたる。

2　テキスト議事法の改定履歴は下記の通りとする。

・2019年9月1日　1.0版作成

**第2条**　発行元

1　発行元は下記の通りとする。

株式会社シスデイズ（代表取締役：宮野 清隆）

東京都千代田区神田紺屋町5番地2野本ビル5階

https://www.sysdays.co.jp/

2　発行元が移転ないし商号変更を行った場合でも、テキスト議事法に
対する著作権は消滅しない。

以上

## おわりに

あなたは、「会議」と聞くと何を思い浮かべるでしょうか?

　これは、本書の一番初めに問いかけた質問です。おそらく、最初の段階で「テキスト会議」を思い浮かべた人はいなかったことでしょう。しかし、本書をお読みいただいたことで、現在は「テキスト会議」が頭の隅には浮かぶようになったのではないでしょうか。

　世の中は、会議で溢れています。対面での会議を筆頭に、音声だけでやり取りする電話会議や、映像をやり取りするテレビ会議、そして本書で紹介した文字だけの「テキスト会議」など、コミュニケーションの手段が多様化するにつれて会議の種類も多様化してきました。

　しかし、いかに会議の種類が多様化しようとも変わらないことがあります。それは、「会議は、それ自体を目的として開催するものではない」ということです。

　なぜ会議を行うのか?　それは、何か決めたいことがあり、そのためにみんなの意見を取りまとめる必要があるからです。会議とは、その際に意見をまとめるための「手段」に過ぎません。目的はあくまでも「決めること」なので、目的が達成できるならば、手段である会議は本来どのようなものでもよいのです。

　本書は「テキスト会議」を紹介するものですが、全ての会議をテキスト会議に置き換えようとしているわけではありません。多様化した会議にはそれぞれに利点と欠点があるので、状況に応じて最適な会議を使い

分けることが重要ではないかと考えます。

　しかし、最適な会議を考えるときに、「テキスト会議」という選択肢自体が頭に無いのでは始まりません。本書でテキスト会議とテキスト議事法を紹介したのは、その選択肢を1つ増やすためでもあります。

　本書をここまでお読みいただけたなら、少なくとも「テキスト会議は何となく使えそうだ」くらいの感想は持っていただけたでしょう。そうなってもらえれば、本書を執筆した甲斐があったというものです。

2019年8月


宮野 清隆

**著者紹介**

## 宮野清隆 (みやの・きよたか)

株式会社シスデイズ代表取締役社長、年収1,000万円以上の交流グループ「HighSociety Japan」代表、高IQ団体「JAPAN MENSA」会員（副会長・財務担当・法務担当等を歴任）。

高度情報処理技術者試験であるプロジェクトマネージャ試験（PM）、アプリケーションエンジニア試験（AE、現・システムアーキテクト試験）、テクニカルエンジニア（データベース）試験（DB、現・データベーススペシャリスト試験）などを、いずれも27歳までに取得した、ITのスペシャリスト。

HighSociety Japan や JAPAN MENSA を含めた3つの団体での運営経験と、多数のシステム開発プロジェクトでのマネジメント経験を持つ。

■株式会社シスデイズ
https://www.sysdays.co.jp/
■年収1,000万円以上の交流グループ「HighSociety Japan」
https://highsociety.jp/

---

## もう会議室はいらない
## 「テキスト会議」の運用ルール

〈検印省略〉

2019年 10 月 10 日 第 1 刷発行

著 者——宮野 清隆 (みやの・きよたか)

発行者——佐藤 和夫

発行所——株式会社あさ出版

〒171-0022 東京都豊島区南池袋 2-9-9 第一池袋ホワイトビル 6F
電 話 03 (3983) 3225 （販売）
03 (3983) 3227 （編集）
F A X 03 (3983) 3226
U R L http://www.asa21.com/
E-mail info@asa21.com
振 替 00160-1-720619

印刷・製本 (株)シナノ

facebook http://www.facebook.com/asapublishing
twitter http://twitter.com/asapublishing

©Kiyotaka Miyano 2019 Printed in Japan
ISBN978-4-86667-170-3 C2034

本書を無断で複写複製（電子化を含む）することは、著作権法上の例外を除き、禁じられています。また、本書を代行業者等の第三者に依頼してスキャンやデジタル化することは、たとえ個人や家庭内の利用であっても一切認められていません。乱丁本・落丁本はお取替え致します。

あさ出版好評既刊

スーパー・ラーニング シリーズ
改訂新版
# 書く技術・伝える技術

倉島保美 著　A5判　本体1,800円＋税

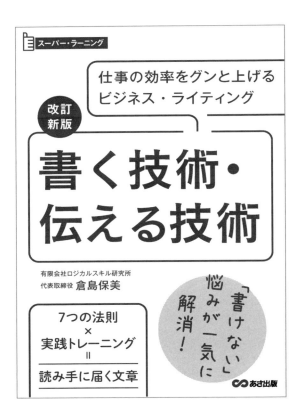